일등포교사 이등포교사

활안 한정섭 著

불교정신문화원

포교헌장(布敎憲章)[1]

"비구들아,
내가 사람과 천인 일체의 표반으로부터
벗어난 것과 마찬가지로 너희들도
또한 사람과 일체 표반으로부터 벗어났으니
세상 사람들을 불쌍히 여기고
그들의 안락을 위해 유행(遊行)하라.

처음도 좋고, 중간도 좋고, 끝도 좋으니
뜻과 글이 다 갖추어진 진리를 널리 전하라.
모두 원만하고 맑고 청정한 행을 가르쳐 보이라.

세상에는 더러움이 적은 사람도 있는데
법을 듣지 못하면 망할 것이다.
나도 진리를 펴기 위해 길을 떠날 것이다."

이것이 베나레스 야사의 집에 모인 60명 비구들 앞에서 선언한 내용이다.
사람들은 이것을 부처님의 "포교헌장"이라 부른다.

---

1) 전법륜경

목 차

일등포교사

일등포교사는 부처님[1]이고,
이등포교사는 보살[2]들이며,
삼등포교사는 조사[3]들이고,
발심포교사는 보통사람[4]들이다.

부처님은 일체지(一切智)[5]로써 포교하고,
보살들은 자비심(慈悲心)[6]으로 포교하며,
조사님들은 청정행(淸淨行)[7]으로 포교하고,
발심한 사람들은 보은행(報恩行)[8]으로 포교하였다.

---

1) 부처님은 깨달은 사람.

2) 보살은 위로 불도를 구하고 아래로 중생을 제도하는 중재자.

3) 조사는 한 종파를 만들어 개교(開敎)하신 이.

4) 발심한 사람은 성문·연각·인천 등 출가·재가인을 통틀어 말한 것.

5) 일체지는 모르는 것 없이 다 아는 지혜를 가진 것이고,

6) 자비는 사랑하고 어여삐 여기는 사람

7) 청정행은 계·정·혜 3학의 행

8) 보은행은 국가·부모·스승·세계·중생의 은혜를 생각해서 보답하는 것.

1. 부처님들의 포교

(1) 위대한 상호로써 포교하였다

훤칠한 이마(無見頂上相)[1]

둥글둥글한 머리(頂上肉髻相)[2]

빛나는 머리칼(髮紺琉璃相)[3]

빛나는 얼굴(眉間白毫相)[4]

아름다운 눈썹(眉細垂楊相)[5]

청정한 눈(眼目淸淨相)[6]

복스러운 귀(耳聞諸聖相)[7]

높고 바른 코(鼻高圓直相)[8]

부드럽고 웅장한 음성(舌大法螺相)[9]

황금색의 몸매(身色眞金相)[10]

---

1) 윗사람을 공경하여 받든 과보로 받은 상.

2) 항상 창조적인 생활로 부지런히 살아간 결과로 얻은 상.

3) 항상 건전하고 빛나는 일을 함으로써 얻어진 과보로 얻은 상.

4) 항상 수행하고 밝은 마음으로 살아온 과보로 받은 상.

5) 항상 평등·외호심으로 살아온 덕으로 얻은 상.

6) 맑고 깨끗한 눈으로 세상을 바라본 눈의 과보.

7) 선행의 말들을 귀담아 들은 과보로 얻는 상.

8) 높고 곧고 원만한 마음으로 회향한 결과.

9) 남을 칭찬하고 세상을 복되게 한 과보로써 얻어진 상.

10) 융통무애한 생각으로 3세시방에 관통하는 넉넉한 마음으로 얻어진 과보.

삼십이상(三十二相)[11]
팔십종호(八十種好)[12]
누가 보아도 위엄 있고
사랑스럽고 존경스럽다.

---

11) 눈·귀·코·혀·몸이 보시·지계·인욕·정진·선정·지혜를 닦아 30상을 얻고, 또한 이들을 안팎으로 잘 써서 얻은 과보(5×6=30＋안·밖=32)

12) 전5식·6식·7식·8식이 호감있게 모든 것을 거슬리지 않고 사랑하고 존경한 과보로 얻은 것.

（2） 아름다운 명예(十號)로써 포교하였다

참되고 한결같은 마음으로부터 와서(如來)
누구나 따라주어 대접받을 만한 인격을 가진 자(應供)
바르게 두루 두루 아시고(正遍知)
말과 같이 행하고, 행과 같이 말씀하시는(明行足)
운 좋게 잘 왔다 잘 살다 가신 어른(善逝)
세간을 잘 이해하시고(世間解)
일체를 스승삼아 공부하신 최고의 인격자(無上士)
장부들을 잘 조절하시는(調御丈夫)
인천의 스승으로(天人師)
일체를 깨달으신 이(佛)
그래서 모든 것들의 존경을 받을만한 어른(世尊)[1]이 되었다.

---

1) 앞의 10호(여래·응공·정변지·선서·세간해·무상사·조어장부·
천인사·불)은 개별적인 명예(別號)이고, 끝의 세존은 총호이다.

(3) 위대한 능력(六通・十力)으로 포교하였다

① 6신통(六通)[1] :

하늘 눈(天眼通)

하늘 귀(天耳通)

다른 사람의 마음을 잘 아시고(他心通)

전생의 일을 확실히 알아(宿命通)

중생의 마음을 만족케 하여(神足通)

다시는 번뇌를 일으키지 않게 하는(漏盡通)

초인적인 능력을 가지고 있었다.

② 십력(十力) :

도리에 맞고 맞지 않는 것을 아시고(處非處智力)

모든 업력이 달리 익혀져 가는 것을 아시며(業異熟智力)

선정 해탈 등의 차등을 잘 아시고(靜慮解脫等持等至智力)[2]

---

[1] 신통력은 훌륭한 지혜 속에서 나타내는 초인적 능력이다. 이 능력에 의해 부처님만이 가질 수 있는 신통력이 나타난다.

[2] 靜慮는 4선-색계에 태어나는 네 가지 방법 : ① 初禪은 覺・觀・喜・樂・一心에서 이루어지고, ② 2禪은 內淨・喜・樂・一心에서 이루어지며, ③ 3禪은 捨・念・慧・樂・一心에서 이루어지고, ④ 4禪은 不苦不樂・捨・念・一心에서 이루어진다. 그리고 해탈은 욕계・색계・무색계의 위험에서 벗어나는 것인데, ① 어떤 대상을 일심으로 관찰해서 욕정을 여의고, ② 그로 인해 정신을 통일하며, ③ 외경에서 벗어나 신심이 깨끗한 경지에 이르고, ④ 오직 무한한 공간만을 생각하는 것, ⑤ 신심의 작용이 한없는 깨달음에 달하고, ⑥ 공간이나 마음의 경계를 초월한 경계에 이르며, ⑦ 원이 바로 현실로 나타난 경계, ⑧ 완전한 무애에 도달한 경계이다.
　또한 等持는 三昧로 마음이 한결같이 바른 경계에 머무는 상태, 等至는 그 경계가 어떤 경지에 이르러 있는 가를 아는 것, 즉 해인

근기의 상하를 잘 아시며(根機上下智力)

갖가지 희망을 잘 아시고(種種勝解智力)

갖가지 중생세계를 잘 이해하시며(種種界智力)

무엇을 구해 나아가고 있는 가를 잘 아시고(遍趣行智力)

과거세의 일을 잘 아시며(宿住隨念智力)

죽어서 태어나는 것을 잘 아시고(死生智力)

번뇌를 끊는 법과 도달 여부를 잘 아신다(漏盡智力)[3]

삼매·무량의처삼매·금강삼매 등. 이것을 통틀어 정려해탈등지등지
지력이라 한다. 원효대사는 금강삼매경론을 지어 이 삼매의 차별에
대해 잘 해설하므로 유명해졌다.

3) 번뇌가 다하면 漏盡이라 하고, 아직 남아 있으면 有漏라 한다.

 일등포교사 이등포교사

(4) 네 가지 두려움이 없는 마음(四無所畏)[1]

일체 모든 법을 평등하게 깨닫고(正等覺無畏)
온갖 번뇌를 다 끊으며(漏永盡無畏)
깨달음을 장애할 때는 거침없이 말하고(說障法無畏)
고통세계를 벗어나는 길을 제시하되(說出道無畏)

다른 이의 힐난이나 외난을 두려워하지 않고
악법을 무서워하지 않으며 자유롭게 말하였다.

---

1) 깨달은 사람이 설법할 때 두려움이 없는 것.

(5) 세 가지 흔들림이 없는 마음(三不動心)[1]

칭찬해도 흔들리지 않고(讚不動)
헐뜯어도 흔들리지 않으며(毀不動)
반 나누어 칭찬하고 헐뜯어도 흔들리지 아니하였다(半不動).

왜냐하면
복과 지혜를 갖추고(兩足尊)

분명하게 깨달아(自覺・覺他・覺行圓滿)[2]
만 가지 덕을 갖추고(萬德具)[3]
인천을 마음대로 조절하되(天人調御師)[4]
범성의 큰 어버이가 되어(凡聖大慈父)[5]
진리를 따르는 까닭이다(從眞界)[6]

---

1) 흔들림 없는 자신감.

2) 자각은 자신을 깨달은 것이고, 타각은 남을 깨닫게 하는 것이며, 각
행원만은 그 깨달은 행이 원만히 이루어진 것이다.

3) 덕은 선근에서 얻은 공덕.

4) 조어사는 조절하는 선생님, 마음대로 다스리는 선생님.

5) 범성은 범부와 성현. 범부는 욕락・이득에 끄달리는 사람. 성현은 선
견지명을 가지고 인의예지로써 범부들을 지도하는 인격자.

6) 진리는 우주인생의 근본이 되는 참되고 한결같은 깨달은 마음.

（6） 대자대비(大慈大悲)로 포교하셨다

나를 사랑하는 마음(慈)
나를 불쌍히 여기는 마음(悲)같이
일체 중생을 구호하시고
항상 기쁜 마음으로 모든 것을 바쳐 봉사하되
그 했다는 생각까지도 없이
자리이타(自利利他)에 충만하였다.

대자비로써 체를 삼아
병든 자에게는 의약이 되고,
길 잃은 자에게는 길잡이가 되며,
어두운 것에서는 빛이 되고,
가난한 자에게는 복장(伏藏)[1]이 되어
일체중생에게 평등하게 자량(資糧)[2]을 베풀었다.

허공 가운데서 구름이 일어
뜨거운 햇빛을 덮고
단비를 축여 만물을 시원하게 길러주듯
진여(眞如)의 한결같은 마음속에서
법·보·화 3신을 나투어
과거·현재·미래, 동·서·남·북 시방세계를 다니면서
우레와 같은 소리로 진리의 북을 울리며
방편과 진실로 중생을 제도하였다.

---

1) 복장은 장 속에 묻어둔 물건. 내 마음속에 감추어진 재산.

2) 자량의 자는 자본이고, 양은 식량이다.

(7) 사지원명(四智圓明)1)과 십신무애(十身無碍)2)

자타의 차별을 초월한 평등한 지혜로(平等成智)
우주의 거울에 만물을 비추어 보고(大圓鏡智)
근기 따라 살펴보아(妙觀察智)
하고 싶은 바 대로 해 주셨다(成所作智).

때로는 중생신(衆生身)
때로는 국토신(國土身)
때로는 업보신(業報身)
때로는 성문신(聲聞身)
때로는 연각신(緣覺身)
때로는 보살신(菩薩身)
때로는 여래신(如來身)
때로는 지신(智身)
때로는 법신(法身)
때로는 허공신(虛空身)을 나투어

마치 하늘의 달이 천강에 비추이듯
메아리가 소리를 따르듯이
그림자가 형상을 따르듯이
일체 중생을 따라 주셨다.

---

1) 4지는 범부가 성인이 되면 지식과 상식을 굴려 지혜를 이룬다. 전5식 (눈·귀·코·혀·몸)이 뒤집어 지면 성소작지가 되고, 제6식이 뒤집 어 지면 묘관찰지가 되며, 제7식이 뒤집어지면 평등성지가 되고, 제8 식이 뒤집어지면 대원경지를 이룬다.

2) 10신은 불·보살이 중생을 교화하기 위해 몸을 바꾸어 나투는 몸.

(8) 네 가지 걸림이 없는 말(四無碍辯)

온갖 교법에 통달하여 걸림이 없이 가르치고(法無碍辯)[1]
온갖 교법의 뜻을 잘 알아 걸림 없이 가르치며(義無碍辯)[2]
온갖 말에 통달하여 막힘없이 잘 가르치고(辭無碍辯)[3]
즐거운 말로 걸림 없이 가르쳐(樂說無碍辯)[4]

이 세상의 모든 고통과 재난을 없애고
중생들의 온갖 소원을 성취시켜,
불심에 안주,
대불선화자(代佛宣化者)로써 자부심을 가졌다.

---

1) 법은 만유의 제법이다. 유위법(有爲法)·무위법(無爲法), 유루법(有漏法)·무루법(無漏法).

2) 유위·무위에는 어떤 뜻을 가지고 있고, 유루·무루에는 어떤 뜻을 가지고 있다고 하는 것을 아는 것.

3) 처음도 좋고, 중간도 좋고, 끝도 좋은 말.

4) 착하고 아름답고 진실한 말.

2. 석가 부처님의 실제 포교

용에게 일러준 7락 법문[1]
미얀마의 두 상인(타푸샤와 발이카)
사명외도 우바카
베나레스의 5비구(콘단야 · 왓파 · 밧디야 · 마하나마 · 앗싸지)
야사 친구 55인

제바 부부의 공양과
3가섭(우루빈나 · 나제 · 가야가섭)의 제도와 연화경 법문
빔비시라 임금님과 죽림정사
사리불과 목건련, 디카나카의 제도,
날라카의 출가는 축생 · 상인 · 외도 · 친구 · 문제아
무당 · 왕 · 학자 · 관상가의 교화를 실제로 보였다.

아버지 정반왕과
부인 야소다라,
아들 라후라와 이복동생 난타를 제도하여
가족 제도의 본을 보이고
왕자들(밧디야 · 아니룻다 · 아난 · 데바 등)과

----

1) 고요한 곳에 멀리 와 있는 것 즐거운 락이고
   법을 듣고 보는 것 즐거운 락이며
   세간에 이끌리지 않는 것 즐거운 락이고
   중생을 사랑하는 것 즐거운 락이며
   세간의 욕심을 여읜 것 즐거운 락이고
   똑같이 원한을 버린 것 즐거운 락이며
   능히 아만을 꺾는 것 즐거운 락이다.

이발사 우팔리에게 평등법으로 제도하고

석가족의 물 전쟁을 화해시키고
사미계(라후라)·복장계(난다)·술계(사가타)
살(수디나)·도(단니가)·음(수디나)·망계(미후가변의 비구들)
육화경행(六和敬行)으로[2] 교단의 평화를 유지했다.

마하가사파에게는 3처전심[3]
경전바라문 츄울라 판타카, 소나코티에게 진짜 농사짓고
바보도 성불하고 중도를 실천하는 방법을 가르치고
아난에게 부모은중경을 설해 어머니의 사랑을 가르쳤다.[4]

마하파자의 출가로(조건부)[5] 비구니 교단이 성립되고

---

2) ① 같은 계율을 같이 지키고 ② 의견을 서로 맞추며 ③ 공양을 평등
하게 나누어 먹고 ④ 한 장소에 모여 살며 ⑤ 항상 서로 자비로서
대하고 ⑥ 남의 뜻에 자신의 의견을 맞추도록 하라.

3) 多子塔前 半分座·拈花微笑·廓示雙趺.

4) ① 태안에 보호해주신 은혜(懷耽守護恩) ② 해산할 때 고통을 참으신
은혜(臨産受苦恩) ③ 낳고 나서야 근심걱정을 잊으신 은혜(生子忘憂
恩) ④ 젖 먹여서 길러준 은혜(乳哺養育恩) ⑤ 똥오줌 가려준 은혜(洗
濯不淨恩) ⑥ 젖은 자리에서 마른 자리로 돌려 뉘신 은혜(廻乾就濕
恩) ⑦ 쓴 것 먹고 단 것 주신 은혜(咽苦吐甘恩) ⑧ 먼 길 가면 걱정
하신 은혜(遠行憶念恩) ⑨ 자식위해 악한 일 하신 은혜(爲造惡業恩)
⑩ 끝까지 불쌍히 여기시는 은혜(究竟憐愍恩)

5) ① 나이 많은 비구니라 하여도 나이 어린 사미승께 절한다.
② 비구니는 비구 없는 곳에서 홀로 안거하지 아니한다.
③ 반달마다 비구교단에 가서 포살하고 청법한다.
④ 범죄 비구니는 정상교단으로부터 반달 동안 별거 참회한다.
⑤ 죄가 있으면 비구스님들께 별도 참회한다.

기수급고독원이 지어짐으로써 사위성 포교의 길이 열려
말이부인과 바사익왕과 옥야, 수보리가 제도되고
마클라산의 신통변화가 죽은 어머니와 외도들을[6] 제도한다.

말년에는 석가족의 멸망과
빔비시라왕의 죽음, 바사익왕의 횡사
비련(悲戀)의 역사가 나타나지만

베살리성에서 마지막 안거를 하고
기녀 암바발리와 순타를 제도하고
쿠시나가르에 이르러 마지막 수발다라를 제도한 뒤
한줌의 재까지 사리로 남겨
제도되지 못한 자를 모두 제도하셨다.

---

⑥ 예비 비구니는 2년 후 비구·비구니 승단에 나아가 계를 받아야
한다.
⑦ 근본 4계에 추가하여 남자를 가까이 하지 않고, 비구의 죄상을
들어내지 않는다.
⑧ 승가의 규칙을 엄격히 지켜야 한다.

6) 푸라나 카사파·막칼라 고살라·아지타 킴빌라·팟쿠타 카차야나·
산자야 타풋타·니간타 나타풋타.

3. 깨달음으로 포교하신 삼세시방불

한 부처님이
과거·현재·미래 3세에 나타나서 포교하면 3세불이 되고,
동·서·남·북, 4유, 상·하에 나타나면 시방불이 된다.
과거 7불은
과거 여러 부처님과 현재 석가, 미래 미륵불을 합해
3세불이라 하고,

동방만월세계 약사여래불
서방극락세계 아미타불
북방무우세계 부동존여래불
남방환희세계 보승장여래불
중방화장세계 비로자나불은
5방불이라 하며,

동방 부동여래
남방 일월광여래
서방 무량수여래
북방 무량광여래
하방 광명여래
상방 범음여래
동남방 최승여래
서남방 최승일여래
서북방 공덕여래

동북방 광혜여래는
시방불[1]이 된다.

특히 이 가운데
법장비구의 48원과[2] 10종장엄[3]
약사불의 12대원[4]
56억7천만년 뒤의 미래 미륵불은
사바의 일을 공행(共行)하므로써
자비·원력 포교의 본을 보이고 있다.

----

1) 十住毘婆裟論에는 ① 선덕여래 ② 전단여래 ③ 무량성여래 ④ 상덕
여래 ⑤ 무우여래 ⑥ 보시여래 ⑦ 화덕여래 ⑧ 무승행여래 ⑨ 중덕
여래 ⑩ 해덕여래가 나오고, 길상경에는 ① 광요 ② 혜등 ③ 대응
④ 무구 ⑤ 상당 ⑥ 자재 ⑦ 장원 ⑧ 대보 ⑨ 대해 ⑩ 십력여래가
나오며, 화엄경에서는 ① 가섭 ② 구나함 ③ 구류손 ④ 수입 ⑤ 시
기 ⑥ 위빠시 ⑦ 불사 ⑧ 제사 ⑨ 파두마 ⑩ 정광불이 나온다.

2) 법장비구의 48원은 ① 惡趣無名 ② 無墮惡道 ③ 同眞金色 ④ 形貌無
差 ⑤ 成就宿命 ⑥ 生獲天眼 ⑦ 生獲天耳 ⑧ 悉知心行 ⑨ 神足超越
⑩ 淨無我相 ⑪ 決定正覺 ⑫ 光明普照 ⑬ 壽量無窮 ⑭ 聲聞無數 ⑮
衆生長壽 ⑯ 皆獲善名 ⑰ 諸佛稱讚 ⑱ 十念往生 ⑲ 臨終現前 ⑳ 回
向皆生 ㉑ 具足妙相 ㉒ 咸階補處 ㉓ 晨供他方 ㉔ 所須滿足 ㉕ 善入
本智 ㉖ 那羅延力 ㉗ 莊嚴無量 ㉘ 寶樹悉知 ㉙ 獲勝辯才 ㉚ 大辯無
邊 ㉛ 國淨普照 ㉜ 無量勝音 ㉝ 蒙光安樂 ㉞ 成就摠持 ㉟ 永離女身
㊱ 聞名至果 ㊲ 天人敬禮 ㊳ 須衣隨念 ㊴ 纔生心淨 ㊵ 樹現佛刹 ㊶
無諸根缺 ㊷ 現證等持 ㊸ 聞生豪貴 ㊹ 具足善根 ㊺ 供佛堅固 ㊻ 欲
聞自聞 ㊼ 菩提無退 ㊽ 現獲忍地

3) ① 법장서원수인장엄 ② 48원원력장엄 ③ 미타명호수광장엄 ④ 3대
사관보살장엄 ⑤ 미타국토안락장엄 ⑥ 보하청정덕수장엄 ⑦ 보전여
의누각장엄 ⑧ 주야장원시분장엄 ⑨ 24락정토장엄 ⑩ 30종익공덕장엄

4) 약사불의 12대원은 ① 光明普照 ② 隨意成辦 ③ 施無盡物 ④ 安立大
乘 ⑤ 具戒淸淨 ⑥ 諸根具足 ⑦ 除病安樂 ⑧ 轉女得佛 ⑨ 安立正見
⑩ 除難解脫 ⑪ 飽食安樂 ⑫ 美衣滿足

이등포교사

1. 자비심으로 포교하신 보살님들

문수보살은 큰 지혜로써
보현보살은 큰 원력으로
관세음보살은 대자비로써
지장보살은 위대한 서원으로 모든 중생을 제도하였다.

(1) 문수보살의 대지행

　문수는 묘지(妙智)·묘덕(妙德)·묘길상(妙吉祥)의 뜻으로 머리가 잘 돌아가는 지혜인이다.
　화엄경에서는 보현보살과 같이 비로자나(석가)의 좌우보처로써 대일여래의 5지를 상징한 5계(髻) 동자로써, 중국에서는 "前三三 後三三" 하는 화두를 남겼지만, 우리나라에서는 자장율사에게 9층탑을 세워 호국불교를 실천하게 하고, 세조대왕에게 治病의 원리를 가르쳐 圓覺寺의 대불사를 실천하게 하였다.

　석문의범에

　"塵墨劫前　早成正覺　恒沙界內　誘化群迷　已稱龍種之尊　復號法王之子　諦周法界　通變難思　化滿塵邦　三世佛母　五峰聖主　七佛祖師　大聖文殊師利菩薩"

　이라 하고,

　"廓周沙界聖伽藍　滿目文殊接話談
　　言下不知開活眼　回頭只見舊山巖"

　하였다.

(2) 보현보살의 대원행

보현보살은 여래의 이덕(理德)·정덕(定德)·행덕(行德)을 담 당 중생들의 수명을 연장시켜 주기 때문에 연명보살(延命菩薩)이라 부르기도 한다.
　① 절 잘하고(禮敬諸佛願)
　② 찬탄 잘하고(稱讚如來願)
　③ 공양 잘하고(廣修供養願)
　④ 참회 잘하고(懺除業障願)
　⑤ 공덕을 기뻐하고(隨喜功德願)
　⑥ 언제나 청법하고(請轉法輪願)
　⑦ 오래오래 살기를 바라고(請佛住世願)
　⑧ 항상 불법을 따라 배우고(常隨佛學願)
　⑨ 항상 중생을 따르고(恒順衆生願)
　⑩ 널리 회향하였다.(普皆廻向願)

석문의범에

"坐踞白象之王　現化蛾嵋之境　曲濟無遺　隣極亞聖
　地前地上　普賢菩薩
果無不窮　不捨因門　妙覺位中　普賢菩薩
德周法界　至順調善　等覺位中　普賢菩薩
體性周徧　隨緣成德　理事無碍　普賢菩薩
一卽一切　一切一卽　事事無碍　普賢菩薩
德無不徧　佑上利下　名聞十方　神通自在　如來長子　法界願王
萬行無窮　普賢菩薩"이라 하고

"普賢身相如虛空　依眞而住非國土
　隨諸衆生心所欲　示現普身等一切"

라 하였다.

（3）대자대비 관세음보살

"海岸孤絶處 普陀洛迦山"에서 정법을 밝히시는 분이 관세음보살이라 하였다. 그 모습을 보면,

"髮凝翠黛 脣艶朱紅 瞼透丹霞 眉彎初月 乍稱多利 時號吉祥 皎 素衣而目煥重瞳 坐 青蓮而身嚴百福 響接危苦 聲察求哀 似月現於九宵 形分衆水 如春行於萬國 體備群芳 大悲大願 大聖大慈 大聖慈母 觀世音菩薩" 하고

"海中湧出普陀山　觀音菩薩在其間
　三根紫竹爲伴侶　一枝楊柳灑塵邦
　鸚鵡含花來供養　龍女獻寶千般珠
　脚踏蓮華千朶現　手執甘露度衆生"

이라 하였다.

"思不思議德　觀世音菩薩
　一十二面　觀世音菩薩
　十四無畏力　觀世音菩薩
　十九示現身　觀世音菩薩
　二十五圓通　觀世音菩薩
　四十二手　觀世音菩薩
　千手千眼　觀世音菩薩
　八萬四千　爍迦羅手
　八萬四千　母陀羅臂

八萬四千 淸淨寶目

或慈或威 分形散體 令諸衆生 拔苦與樂 二十五圓通 觀世音
菩薩"

이라 하고

"一葉紅蓮在海中　碧波深處現神通
昨夜寶陀觀自在　今日降赴道場中"

이라 하였다.

한 생각 가운데서 불가사의한 덕행을 일으키므로 "思不思
議德"이라 하고,

11품으로 無明번뇌를 끊고 十地(觀音·離垢·發光·焰慧·
難勝·現前·遠行·不動·善慧·法雲)를 증득, 부처님 얼굴을
이고, 자신의 얼굴까지 합하면 12면이 되므로 "12면 관세음보
살"이라 한다.

또 14무외력은 관세음보살이 갖춘 열네 가지 걸림없는 힘
을 말하니,
① 고뇌를 없애주고 ② 불에 타지 않고 ③ 물에 빠지 않고
④ 鬼神不害 ⑤ 兵器절단 ⑥ 야차불해 ⑦ 옥중형탈 ⑧ 도적불
해 ⑨ 탐 ⑩ 진 ⑪ 치가 저절로 없어지고 ⑫ 복덕있는 子 ⑬
女生 ⑭ 명호공덕이 무진장한 것이다.

19시현신은 열아홉 가지 몸(불·벽지불·성문·범왕·제석
·자재천·대자재천·천대장군·비사문·소왕·장자·거사·
재관·바라문·4중·4부녀·동남·동녀·천룡팔부·집금강신)
을 말하는데, 이것을 구체적으로 나누면 33응신이 된다.

42수는 두 손의 열손가락을 동서남북 사방(또는 慈悲喜捨로
쓰면 10×4=40개에다가 본래 두 손을 합하면 42수가 된다.

천수천안은 40개의 손에 각각 한 개의 눈이 있는데 그것은
3계 25유 중생에 배대하면 40×25=1000개가 된다.

8만4천 삭가라수(머리) 모다라비(팔) 청정보목(눈)은 중생의
8만4천 번뇌를 없애주기 위하여 각기 눈과 팔, 머리를 쓰므로
8만4천 삭가라수·모다라비·청정보목이 된다.

25원통은 능엄경에 스물다섯 분의 성자들이 각기 깨달음을
얻는 장면을 말하는데,
　① 교진여등 5비구는 소리,
　② 우바니사타 색,
　③ 향엄동자는 향,
　④ 약왕 약사 맛,
　⑤ 발타바라는 촉,
　⑥ 마하가섭은 법,
　⑦ 아나율은 見,
　⑧ 주리반특 息,
　⑨ 교범바제는 味知,

⑩ 필릉가바차 身覺,

⑪ 수보리는 法空,

⑫ 사리불은 心見,

⑬ 보현은 心開,

⑭ 손타라난타는 鼻息,

⑮ 부루나는 法音,

⑯ 우바리는 身戒,

⑰ 목건련은 心遠,

⑱ 오추슬마는 火性,

⑲ 지지보살은 地性,

⑳ 月光동자는 水性,

㉑ 유리광법왕자는 風性,

㉒ 허공장보살은 空性,

㉓ 미륵보살은 識性,

㉔ 대세지보살은 淨念,

㉕ 관세음보살은 耳根圓通.

（4） 대원본존 지장보살

지장보살은 持地・妙幢・無邊心 보살이라고도 한다.

師子奮迅如來를 보고 원만한 상호를 갖추고 覺華定自在王如來 때 地獄未濟誓不成佛의 願을 세워 대원본존지장보살이 되었다.

머리에는 천관을 쓰고 가사를 입고 왼손엔 연꽃을 들고 바른손은 施無畏印을 하고 있는 것이 정상인데, 연명지장경이 나오면서 석장집고 스님 모습을 한 6지장, 승군지장 등의 모습이 나타나게 되었다.

그러므로 석문의범에 "幽冥敎主　南方化主　大願本尊地藏菩薩"로 나오는데, 그 모습을

"滿月眞容　澄江淨眼　掌摩尼而　示圓果位　蹄菡萏而猶蹋因門 普放慈光　常揮慧劍　照明陰路　斷滅罪根　倘切歸依　奚遲感應"

이라 하고,

"慈因積善　誓救衆生　手中金錫　振開地獄之門　掌上明珠　光攝 大千之界　閻王殿上　業鏡臺前　爲南閻浮提衆生　作個證明功德主 大悲大願　大聖大慈　地藏菩薩摩訶薩"

하였다.

이 외에도 화엄경에는
妙覺心性　覺首菩薩

法財具足 財首菩薩

說法功德 德首菩薩

如目將身 目首菩薩

備修萬行 正進首菩薩

正行成就 法首菩薩

能淨無碍 智首菩薩

一道淸淨 賢首菩薩 등 10수 보살과

十佛世界 極微塵數 同名同號 法慧菩薩

十萬佛刹 極微塵數 同名同號 金剛藏菩薩

百億佛刹 極微塵數 同名同號 普賢菩薩 등이 있다.

모두 이 같은 보살들은 마치 유모가 어린아이들을 보살피듯

첫째는 목욕을 깨끗이 씻기는 것이고,

둘째는 젖을 먹여 배부르게 하는 것이며,

셋째는 편안하게 자게 하는 것이고,

넷째는 안고 다니면서 항상 기쁘게 하는 것처럼

중생을 제도하는데

첫째 바른 법으로 그 마음에 때를 씻어 주어야 하고,

둘째 바른 법의 음식으로 배를 채워 주어야 하며,

셋째 때를 따라 선정삼매에 들게 하여야 하고,

넷째 네 가지 은혜로써 중생을 이롭게 하여야 한다.

이와 같이 역대의 모든 불·보살들께서는 열 가지 은혜로써
포교하였다.

2. 제불보살 십종대은(諸佛菩薩 十種大恩)

깨닫는 마음을 일으키고(發心普被)

어려운 일을 능히 행하며(難行苦行)

한결같이 남을 위해 살고(一向爲他)

육도중생의 모습을 따르며(隨形六道)

중생을 따라 다니고(隨逐衆生)

중생을 어여삐 여기는 마음(大悲深重)

숨었다 나타났다 표창받고 저열하다(隱勝彰劣)

사실을 방편으로 보이고(爲實示權)

죽음으로써 선한 마음을 일으켜(示滅生善)

무진한 자비심으로 중생들을 생각한다.(悲念無盡)

삼등포교사

1. 인도불교를 일으킨 사람들

(1) 상수제자 1200대중

두타제일 가섭존자
지혜제일 사리불존자
신통제일 목건련존자
논의제일 가전연존자
천안제일 아나율존자
설법제일 부루나존자
해공제일 수보리존자
다문제일 아난다존자
지계제일 우팔리존자
밀행제일 라훌라존자

교진여는 맨처음 깨닫고,

우루빈나가섭은 공양중이며,
가야가섭은 번뇌를 잘 항복받고,
나제가섭은 교화를 잘 하였으며,
겁빈나는 별의 이치(天文)를 잘 알고,
교범바제는 천공을 받았으며,
이바다는 도난(倒亂)하지 않고,
필능가바차는 고난을 잘 참았으며,
박구라는 장수하고,
구치라는 문답을 잘하였으며,
손다라난타는 인물이 뛰어났다.

이들은 마치 공문(孔門) 10철의 한 사람들과 같이
각기 능통한 재주를 가지고 부처님의 교화를 도왔다.

마하 파사 파제 비구니와
그의 권속 6천인과
야수다라 비구니의 권속들도 마찬가지다.

특히 이 가운데서도
아난 가섭은 8만 법장과 우팔리의 율장 편집은
후세불교의 기본성전을 마련하였으므로
그 공덕이 크다 하겠다.

(2) 이름난 비구니들

① 오랫동안 출가해 배우면서 국왕에게 공경을 받은 이는
   대애도구담미(大愛道瞿曇彌)이고,
② 지혜가 총명한 이는 참마(讖摩)며,
③ 신족이 가장 뛰어나 모든 신들을 감동시킨 이는 우발화
   색(優鉢花色)이고,
④ 두타법을 행하면서 한계를 지어 막히는 일이 조금도 없
   이 하는 이는 기리사구담미(機梨舍瞿曇彌)이며,
⑤ 천안이 뛰어나 비추는 것에 막힘이 없는 이는 사구리(舍
   拘利)이다.
⑥ 자선으로 정에 들어가서 뜻이 분산되지 않는 이는 사마
   (舍摩)이고,
⑦ 의취(義趣)를 분별하여 도의 가르침을 널리 펴는 이는
   파두란사나(波頭蘭闍那)이며,
⑧ 율(律)의 가르침을 받들어 지니면서 더 범한 것이 없는
   이는 파라차나(波羅遮那)이고,
⑨ 신해탈(信解脫)을 얻어서 다시는 물러남이 없는 이는 가
   전연(迦旃延)이며,
⑩ 네 가지의 변재를 얻어 겁이 많거나 마음이 약하지 않
   은 이는 바로 최승(最勝) 비구니이다.
⑪ 스스로 셀 수 없는 겁 동안의 전생 일을 아는 이는 발
   타비리(拔陁毘離)이고,
⑫ 얼굴빛이 단정하면서 사람들에게 사랑과 공경을 받는
   이는 혜마사(醯摩闍)이며,
⑬ 외도를 굽혀 복종시켜 바른 가르침을 세운 이는 수나(輸

那)이고,

⑭ 의취(義趣)를 분별하여 널리 분부(分部)를 설명하는 이는 담마제나(曇摩提那)이며,

⑮ 해진 옷을 입으면서도 부끄럽게 여기지 않는 이는 우다라(優多羅)이다.

⑯ 모든 감관이 고요하여 늘 한결같은 마음을 지닌 이는 광명(光明)이고,

⑰ 의복이 단정하며 언제나 법의 가르침대로 하는 이는 단두(單頭)이며,

⑱ 여러 가지 논(論)에 능하여 또한 의심이나 막힘이 없는 이는 단다(檀多)이다.

(3) 우바새 우바이들

① 처음 법의 즐거움에 관하여 듣고 현성의 깨달음(證)을
이룬 이는 삼과(三果) 장사꾼이고,

② 가장 지혜로운 이는 질다장자(質多長者)이며,

③ 신령한 덕이 첫째가는 이는 건제아람(乾提阿藍)이고,

④ 외도를 굽혀 복종시킨 이는 굴다(掘多)이며,

⑤ 심오한 법을 능히 설하는 이는 우파굴(優波掘)이다.

⑥ 언제나 앉아서 선정에 드는 이는 가치아라바(呵侈阿羅
婆)이고,

⑦ 악마의 무리를 굽혀 복종시킨 이는 용건(勇健)이며,

⑧ 복덕이 원만하고 왕성한 이는 사리(闍利)이고,

⑨ 큰 보시를 잘 하는 이는 수달(須達)이고,

⑩ 문족이 성공한 이는 민일(泯逸) 장자이다.

우바이 가운데서

① 처음으로 도를 깨달은 이는 난타바라(難陀婆羅)이고,

② 지혜가 첫째가는 이는 구수다라(久壽多羅),

③ 좌선하기를 기뻐한 이는 수비야녀(須毘耶女)이고,

④ 지혜가 뛰어난 이는 비부(毘浮),

⑤ 설법을 잘 하기는 앙갈사(央竭闍),

⑥ 경의 뜻을 잘 연설하는 이는 발타사라(跋陀闍羅)

⑦ 외도를 굽혀 복종케 하는 이는 바욱타(婆郁陁)

⑧ 목소리가 맑게 울리는 이는 무우(無憂)

⑨ 갖가지 논에 능통한 이는 바라타(婆羅陀)

⑩ 용맹스럽게 정진 잘 한 이는 수(須) 우바이이다.

(4) 제2, 제3의 결집

아사세왕의 후원으로 제1회 결집이 있은 후
상나화수·말전지·우바국다 3사가
아난가섭의 일불무잡(一佛無雜)의 불교를 실천하였는데
가섭의 엄격주의와 아난의 관용주의가
장차 상좌·대중 2부를 형성하게 한다.

베살리성 발기족출신의 비구들이 포살일에
鹽淨·二指·聚落間淨·道場淨·隨意淨·
舊事淨·酪醬淨·治病淨·坐具淨·金寶淨을 가지고
論하자 耶舍比丘가 七百長老의 승인을 얻어
이를 非法으로 정하였다.

한편 大天은
餘所誘 無知 猶豫 他令入 道因聲故起 등
五事를 眞佛敎라 하여 多數佛子가 찬동하니
이로인해 대중부에서는 一說部·說出世部·鷄胤部
多聞部·說假部·制多山部·西山住部·北山住部가
일어나고 상좌부에서는
雪山部(法上部, 正量部, 密林山部)·說一切部
犢子部·化地部·法藏部·飲光部·經量部가 생겨
불멸 후 2, 3백년 사이에 20부파가 생기게 되었다.

원시 근본불교는
일심·인과·인연·4제(諦) 중심의 불교였으나

부파불교는 불타의 사상을 사실적으로 고수하는 파(상좌부)와
정신적으로 해석하는 파(대중부)로 나누어졌다가
장차 그 속에서 대승불교운동이 나타난다.

소승불교는 출가제일 중심의 불교인데 반하여
대중 대승불교는 출가재가를 논하지 않는
해탈자재를 추구하는 대중불교였다.
따라서 포교는 상좌부는 보수적인 면이 강하고
대중부는 개방적인 점이 많았다.

(5) 대중논사들

① 세친·마명·용수
서기 2세기경 나선비구는
서북인도에 진주해 있는 미란타왕을 만나
소극적인 무아사상(수레 비유)을 통해
적극적인 대승불교(불타는 無所不知)를 설하여
극악무도한 죄인도 염불심으로 해탈시킬 수 있다 하였다.

功德日 마명대사는 일찍이 바라문교 출신으로
脇존자와 對論(天下太平 大王長壽 國土豐樂 無諸災患)하고
출가, 불소행찬, 대승기승론 뢰타화라(歌曲) 등
60여 권의 저서로써 유명하다.
총명한 지혜와 탁월한 변재로써 카니시카왕을 교화하여
카시미르불교를 일으킨 장본인이다.

大龍보살 용수는 남인도 비다라국 출신으로
일찍이 바라문교에 정통하여
은둔술로 왕궁을 들어다니다가 발각되어 죽게 되었는데,
출가를 조건으로 임금님이 특별히 살려주어
남인도 교살라국 왕통의 인정왕의 귀의를 받고
中論·대지도론·12문론·10주비바사론을 지어
般若眞空觀을 중심으로 眞俗二諦를 설정
외도의 실재설과 소승불교의 有思想을 破斥,
8종의 조사가 되었다.

그의 뒤는 龍智와 提婆가 계승하였고
용지 밑에서는 금강지와 선무외가 밀교를 대성하고
제바 밑에서는 라훌라와 청목·청변·지광·사자광·승광
등이 중도사상을 계승하였다.

특히 제바는 破邪顯正을 중심으로 포교하였기 때문에
원한을 산 한 바라문이 장도로 배를 찌르자
그 도피처를 일러주고
제자들에게 복수하지 말 것을 유언하고 죽었다.

보살은 마땅히 바라밀을 닦되
"일체중생의 고통을 구해주는 보리살다밀을 제일로 치고,
福·智·悲를 겸한 대장부가 되어야 한다"
고 하였다.

특히 굽다왕조시대는 대대로 임금님들이
바라문교와 불교를 함께 신행하며 보호하여
많은 사탑과 승려들을 배출, 나란타대학과 같은
세계적인 아카데미가 생겼고,
대사전가 아다라상하, 대문법가 바라루치,
대희곡가 카리타사, 대천문가 바라하미히라 등
9보(寶)가 있어 인도문명의 최고조를 자랑하였다.

　② 무착과 세친
서기 4세기경, 북인도 건타라국 교시가는 부인
비린지 사이에서 무착·세친(천친)·사자각 3형제를 낳아

부처님께 바쳤다.
장형 무착이 대승불교에 들어와 있을 때
동생들은 소승 유부종에 몸담고 있었다.
용수보살이 諸法實相論을 할 때 무착은 諸法緣起論을 주장
인도불교의 2대조류를 형성하였다.

그는 처음 스승 살바다부에 있었으나
미륵보살에게 기도하고 4개월간 도솔천에 올라가
강의를 듣고 미륵 80행게를 받아
아비달마잡집론·현양성교론·섭대승론·순종론·
금강반야론 등의 저서를 통하여
대승불교를 열렬히 폈다.

동생 세친 또한 소승 유부에 들어가
아비달마구사론을 짓고 대승비불설을 주장하다가
마침내 형의 안내로 대승불교에 들어와
십지경론·변증론·섭대승론·무량수경 우바제사·
금강반야론·묘법연화경 우바제사·전법륜경 우바제사·
불성론·백론·유식 20론·30론송을 지어
대승불교를 열심히 폈다.

그의 제자 진나도 나란타사 대학장으로
아뢰야식연기론을 펼쳤고,
호법은 남인도 임금님의 부마가 되었다가 출가하여
진나의 제자가 되었고,
그의 제자 호법도 동인도 사람으로 유식학을 전공

현장법사에게 유식학을 전수,
중국 유식종의 조사가 되었다.

한편 계일왕은 기회를 놓치지 않고
사신을 당 태종께 보내
중인외교가 처음으로 싹이 텄다.

(6) 선불교를 일으킨 사람들

① 과거칠불
과거 삼존(비바시불 · 시기불 · 비사부불)
현재 사위(구류손불 · 구나함모니불 · 가섭불 · 석가모니불)
제7여래불이
모두 부모와 처자 권속이 분명하고
스승과 제자 시봉이 뚜렷하게
재가 출가의 과정을 거쳐
깨달음을 얻고 포교하였다.

② 인도 28조와 한 · 일의 선불교
가섭은 이심전심(三處傳心)으로
아난은 유통교해(流通敎海)로
상나화수 · 우바굽다 · 제다가 · 미치가 ·
바수밀 · 불타난제 · 복타밀다 · 협존자 ·
부나야사 · 마명 · 가비마라 · 용수 · 가나제바 ·
라후라다 · 승가난제 · 가야사다 · 구마라다 · 사야다 ·
바수반두 · 바나라 · 학륵나 · 사자비구 · 바사사다 ·
불여밀다 · 반야다라 · 달마대사에 이어지다가
달마대사가 중국에 와서 전법한다.

중국에서는 혜가 · 승찬 · 도신 · 홍인
6조대사에 이르러 頓 · 漸 二敎와 5가 7종이 벌어지니
청원 아래서 조동 · 운문 · 법안 3종이 나타나고
남악 아래서 임제 · 위앙이 나누어졌는데

임제 밑에서 양기·황룡 2파가 생겼다.

한국·일본의 선불교는
모두 6조 문하의 5가 7종의 자손이니
따지고 들어가면 달마의 후손이요
석가모니 부처님의 똑같은 제자이다.

2. 중국불교를 일으킨 사람들

(1) 한 명제와 마등 축법난

후한 명제 영명 10년(AD 67) 중인도 스님 가섭 마등과 축법난이 42장경과 부처님, 부처님 사리를 모시고 실크로드를 지나오는데, 영평 3년(혹 7년) 명제가 꿈을 꾸니 금색광명을 가진 찬란한 신인이 왕궁 뜰 앞으로 날아왔다. 이상히 여겨 사람들에게 물었으나 아는 사람이 없고, 오직 통인 傅毅가

"듣건대 인도에 부처님이 계신데 그 분이 오실 징조인 것 같습니다."

"그렇다면 그대가 中郞 채암과 진경 박사 왕준 등과 함께 가서 그 분을 모셔 오너라."

그리하여 채암 등 18인이 인도로 들어가다가 가섭 마등과 축법난 등을 만나 낙양에 도착하니 그 해가 영평 10년(혹 11년)이었다.

명제는 스님들을 관사인 초제사에 있게 하고, 부처님의 경전을 모시고 온 말이 흰 말이었으므로 부처님을 모신 관사를 白馬寺라 불렀다.

영평 14년 정월 5악18산의 도사들이 법력을 서로 겨루어 보겠다하므로 상서금 宋庠으로 하여금 道佛二敎徒들에게 법력을 겨루게 하니 呂惠通 이하 690인이 백마사 남쪽에 제단을 설치하고 황노의 책과 祭器 供物들을 올리고 기도하였으나 모두 불타 새까맣게 되고, 서쪽 단에는 부처님과 사리, 42장경을 부처님 머리에 올려 불태우니 오색광명이 허공 가운데 나

타나 누렇게 그슬리기만 하였다.

이에 여혜통 620인과 궁인 230인이 일시에 출가하여 스님이 되니 나라에서는 낙양성 밖에 일곱 개의 절을 짓고 성안에 세 개의 절을 지어 각각 남녀가 나누어 살도록 하였다.

이것이 한나라 법본내전의 이야기다.

그런데 이 사실이 기록되기 훨씬 전 列子가 공자님께 물었다.

"공자님은 성현이십니까?"

"나는 성인이 아니다. 오직 선조의 뜻을 받들어 사람 노릇 잘 하는 방법을 가르치고 배워 실천할 뿐이다."

"그렇다면 누가 성현입니까?"

"들건대 다스리지 아니하여도 어지럽지 않고, 말 하지 아니하여도 스스로 믿고, 교화하지 아니하여도 스스로 행한다 하였으니, 그 분이 성인이 아니겠는가."

하였고, 또 室利房이 "始皇 4년 괴이한 옷을 입고 시중에 돌아다니므로 잡아 가두었는데 丈六金神이 문밖에 나와 돌아다녀 놀라 厚禮하고 국외로 돌려보냈다."

하고, 또 釋老誌에 "哀帝 元壽元년 박사 제자 秦景憲이 대월씨국 사신 伊存으로부터 口授 浮屠經을 주었으나 中土에서는 그것이 무엇인지 몰라 믿지 아니했다"하였다.

이는 마등 축법난이 중국에 들어오기 전 80년 전의 이야기다.

（2）안식국 사람들과 월지국의 사람들

　마등 축법난 다음으로는 안식국 사람 안세고가 들어와 34부 40권의 책을 번역하는데, 대부분 禪에 관한 책이다.
　그 뒤 安賢·曇諦·안법현 등이 들어와서 계율서적(四分律) 역사서(阿育王經) 번역한다.

　안식국 다음으로는 월지국 사람들이 많이 왔는데, 안세고 다음으로 20년쯤 있다가 지루가참이 와서 21부63권(혹 23부67권)을 번역하였는데, 도행반야경·아미타경·반주삼매경·아촉불경 등이 그것이다.
　지루가참의 제자에는 지겸이 있어 유마경·법구경·대반열반경·범패 등을 번역하였다 하고, 총 88부 118권이나 되었다 한다.

　고승전에는 쓰佛朔도 범본 경전을 가지고 와서 지강양접·지법도·지민도·지도론·지시론·지효룡·지오림·지법연 등이 법화삼매경·능엄경 등을 번역하였다.
　특히 축법호는 8세부터 서역제국을 유람하며 36종의 이국어를 배워 현겁경·대애경·법화경·보요경 등 154부 309권(혹 210부 394)을 번역하였다 한다.
　이 외에도 역경에 종사한 사람들을 보면 축법수·진사윤·손백호·노세아·장사명·장중정·축덕성·엄위벽·송문승·조서초·장문용·진장현 등 수많은 문학사들이 받아쓰고 교정하고 대·소승 불경을 역출하는데 조력했던 것이다.

(3) 천축불교(天竺佛敎)와 강거불교(康居佛敎)

안식·월지국 다음으로는 직접 인도에서 온 천축인들이 역경을 많이 했는데, 曇果 曇摩迦羅는 위나라에 와서 승려계본을 번역하였다 하고, 남방에는 竺律炎·竺叔蘭·竺曇無闌 등은 110부 112권을 번역했다 하고, 曇摩蜱·竺佛念·曇摩難提 등은 도안 등의 후원을 받아 보살영락경·증일아함경을 번역하였다.

강거는 현재 키르키스탄, 대표자는 강승회다. 건초사에서 번역한 아난염미경·경맹경·찰진경·6도집경·범황경 등이 유명하고, 강명상(중본기경·수행경), 강승개(욱가장자경), 강법수(長壽經), 강도화, 강법수(비유경) 등도 유명하다.

（4） 우진불교와 쿠자불교

　우진불교는 대승불교이지만 전법은 역경도 모두 희소하였으나 중요한 자료들을 많이 가지고 있었기 때문에 주사행 같은 분은 불완전한 도행경을 완성하기 위해 찾아갔던 것이다. 축법호의 정법화경도 여기서 원본을 구했고, 담무참의 열반 화엄이라든가, 저가경성의 禪經, 월파수나의 天王般若도 마찬가지다.
　고승전에는 우법란·우도수·우법개·우법위 등이 나오나 모두 그곳에서 죽고, 크게 들어난 것이 없으나 이 나라 동남쪽에 遮拘迦羅園의 궁중에 마하반야·대집·화엄·능가등을 보관하고 있어서 여러 가지 자료를 구할 수 있었다고 한다.
　이것이 자료포교이다.

　쿠자국인이 중국에 오면 그 나라 임금님 성을 따서 白(禹)씨로 많이 썼다. 後漢長史 班超가 점령하여 쿠자왕(尤多利)을 정복하고 白覇를 내세워 백씨왕국이 건립되었는데, 전진왕 부견이 점령할 때까지는 모두 백씨가 다스렸다.
　쿠자왕의 세자 白延(무량청정각경 역), 그를 이은 白遠(유체보살경)이 모두 다 쿠자국의 귀족들이었다. 백씨 밀다라(대공작왕경)도 왕자 출신으로 남방에 와서 밀교를 전했다.

　쿠자불교에 가장 영향이 큰 것은 佛圖澄이다. 강거·승불조·수보리 등은 그의 제자이지만 축불아·석도안 등이 있어 109년간 “酒不踰齒 過中不食 非戒履 無飮無求 受業追遊” 철저히 佛行을 실천하여 1만여 명의 제자를 거느리고 있었다. 석도안은 文과 書에 정통하여 중국 역경사에서 빼놓을 수 없는 공로자다.

(5) 북쪽의 구마라집과 남방의 혜원

지금까지는 외지에서 온 사람들이 중심이 되어 불경을 번역하였는데, 구마라집의 아버지는 구마라염이었는데 천축인이다. 외교관으로 쿠자국에 오니 쿠자왕이 그의 누이를 주어 라집을 낳게 된다. 라집은 어머니가 출가하자 7세에 출가 날마다 千偈를 외우다가 9세에 계빈국에 가서 반야달다를 만나 소승불교를 배우고, 12세에 계빈국에 들어와서 도중에서 배웠던 아비담·6족론·증일아함 등을 외우고 돌아와서는 空宗교의를 독신, 대승불교에 전념하였다.

다시 중국에는 몽골, 선비 제국이 5호16국을 만들어 교란하였는데, 여광이 쿠자국을 치고 구마라집을 데리고 와 97부 425권의 대장경을 번역, 중국불교에 일대 혁신을 일으켰다. 나집이 소요원에서 역경할 때 그 문하에는 3천여 명의 제자들이 항시 거주하고 있었다 한다.

나집의 다음으로써는 불타발다라의 60권 화엄경, 담무참의 대반열반경, 실차난다의 80권 화엄경이 있으나, 특히 남방불교에 있어서는 계행을 철저히 지킨 도안의 제자 혜원을 제일로 친다.

그는 법성론·왕자불배론을 지어 본자가 정치에 관여하지 않는 것을 원칙으로 하고, 청정한 계율속에 念佛往生을 주도하였다. 謝靈運과 陶淵明도 가까이 교류하였으나 엄격한 계율 때문에 白蓮社에 가담하지는 못했다.

（6） 남북조불교와 인도 구법자들

약 150여년간 남북이 대립한 가운데 남쪽에서는 宋·齊·梁·陳이 성하고, 북조에서는 후위가 50여년을 계속, 北周·北齊로 20여 왕이 바뀐다.

역경사로서는 남조에서는 불타집(五分律), 강양야사, 구나발마(보살선계경), 구나발다라(잡아함)가 있고, 齊나라에서는 월과(천왕반야경) 수나 바라마타, 북조에서는 늑나마제(十地經論), 보리유지(능가경), 불사선다(섭대승론) 등 30명의 3장이 있었다.

隋로부터 唐初에 이르기까지 세친계의 유식학을 널리 전한 사람은 眞諦三藏이다.

이외에도 송 문애황후의 귀의를 받은 담마밀다, 아비담심론을 번역한 승가발마, 무량의경을 번역한 담마가타야사, 법구비유경을 번역한 승가바라, 부법장을 번역한 담요와 길가야 등이 있으나 중국스님들은 이에 만족치 않고 직접 인도로 떠났다.

서기 342년부터 575년까지 晋·燕·蜀·宋·北源·魏·齊 여러 나라에서 승건·지엄·보운 등 수백명이 월지·사위·기원·나란다 등에 이르러 새로운 경전을 구하고 부처님의 사리와 갖가지 불구들을 가지고 온다.

물론 이들이 다녀와서 인도 현지불교의 소식을 전함으로써 중국불교는 새롭게 발돋움 한다.

(7) 여러 가지 종파불교

① 선종(禪宗)

제27 반야다라의 제자 달마대사가 양나라 보통 원년(520) 중국 금릉에 와 양무제를 만나고 소림굴속에 가서 9년 면벽하다가 혜가에게 법을 전하고 우문 천성사에서 열반, 웅이산에 탑을 세웠다.

달마대사가 돌아오기 전 라집계통(坐禪三昧經)의 선이 도생·혜관(善不受報 頓悟成佛)을 중심으로 지공·부대사 같은 이들이 재래 노장사상에 불교의 공사상을 加味한 것이었다.

부대사는 輪戴를 만들어 일반인들이 대장경을 열람할 수 있는 기회를 주고 어머니를 모시고 다니며 선과 독경을 하여 奇人列師로써 많은 사람의 존경을 받았다.

사실 중국 선은 안세고의 禪經(坐禪三昧經) 번역을 중심으로 축법호·도안 등에 의해 계승되었다가 지공스님의 心王銘·三祖 승찬대사의 信心銘을 낳게 하였다.

북위에 전해진 불타발다라의 선은 소림사에 전해졌다가, 도방-승주-담순-경림-도현-혜방 등으로 전해졌으나, 모두 이것은 不立文字 直指人心 見性成佛의 달마선은 아니었다.

후세 혜원유의 극락왕생설과 가상유의 도솔왕생설이 나타나 승렬을 다투기도 하였지만, 혜가-승찬-도신-홍인-6조에 이르러 돈오·점수 양면으로 흐르다가 조동(高唱爲用)·운문(函盖截流)·법안종과 남악회양 아래서 임제·위앙이 벌어지고, 양기·황룡 2파가 분열되어 소위 5가 7종의 선종을 이루었다.

② 淨土念佛宗

염불종에는 善導流 慈愍流 두 계통이 있다.

자민이 3년간 인도에 가서 온갖 선지식을 만나보고

"이 세상 고통 없는데 가려 하면 어느 곳이 좋습니까?"

하니 천편일률적으로 왕생정토를 권했다.

마지막 건타라국 관세음께 기도드리니,

"네가 자리이타의 법을 널리 전하고자 하면 아미타불 관세음보살을 부르며 극락세계에 가서 나도록 하라."

하여 선정합일을 중심으로 한 염불을 하였다.

선도스님은 당나라 정관 연중에 도탁이 九品도량을 만들어 강설하는 것을 듣고 30년 동안 염불공부를 하다가 버드나무에서 뛰어내려 왕생하였다.

일생동안 미타사경 10권, 정토변상 300편 石生寺 癈寺를 중수하면서 하루에 10만번씩 아미타불을 불렀다. 실로 중국불교는 지식계급 상류사회를 상대로 하는데 스님의 염불은 일반 서민들에게 공개되어 하층 계급들이 많이 동참하였다.

③ 현수대사와 화엄종

화엄종은 불타발다라의 60화엄을 중심으로 筆受 法業이 華嚴旨歸를 만들므로 시작되었다. 법업의 제자 曇斌는 일찍이 계율과 열반을 익혔으나 불타발다라의 제자 현고 현창과 함께 화엄경을 전공하여 그 역장에 있었던 慧觀·慧嚴과 같이 화엄경 선포에 큰 공을 세웠다.

불타발다라 입적 후 6년 만에 송나라에 들어온 구나발다라 화엄에 정통하여 수십회 강의함으로써 화엄경이 크게 번성하였다. 그 후 남송 劉虯가 5시교 가운데 화엄을 頓敎에 배대하였는데, 北方 화엄은 위나라 때 유겸지가 5대산 청량사에서 화엄론 600권을 지으니 북위 사문 영변도 영원과 함께 화엄론을 지어 효경제 앞에서 강의, 제자 도영·삼현 등이 등사하여 널리 유포하였다.

당고종 현수대사가 지상사 사군 도현과 함께 청량사를 찾아뵙고 병주 동지사에서 발견하고 장안으로 가지고 와 화엄 10지를 연구함으로써 널리 알려지게 되었다.

法藏賢首는 강거인으로 그의 조부시대부터 귀화하여 정관 17년 장안에서 태어났다. 실차난타가 80권 화엄을 번역하자 화엄경 탐현기를 지어 현장의 3시 판교에 대항하였다.

두순을 시조로 하고 지엄·법장·현수·징관·규봉을 중국 화엄의 5대조로 치고, 인도의 마명과 용수를 넣어 7대로 쳤으나 한국의 해동중(분황종) 부석종과는 상이한 점이 있다. 원효 스님은 중국에 가지 않고 해동종을 만들었으니 말이다.

④ 현장스님과 법상종

현장은 중국인으로 인도 유학생 가운데 가장 뛰어난 재능을 가진 자다. 16년간 유학하고 대당서역기를 써 유명하다.

그가 인도를 유학한데는 유가사지론을 구득하는데 목적이 있었는데, 나란타사 계현스님께 배우고 귀국할 때는 657부의 경론을 가지고 왔다. 그는 흥복사에 있으면서 75부 1330권을 번역하고, 특히 성유식론을 지은 규기 원칙에게 전해졌다.

해심밀경·성유식론·유가사지론을 소의경전으로 하고, 인도의 계현, 중국의 현장을 시조로 하여 종을 세우니 규기가 자은사에 있었으므로 자은종·유식중도종·應理圓實宗·普爲乘敎宗이라 불렀다.

그러나 이 종은 우주만유의 본체보다도 나타난 현상을 "三界唯一心 心外無別法"이라 상세히 분석하여 설명하였으므로 법상종이라 불렀다.

인도에서는 원래 중관종에 대립하여 유가종이라 부르던 것인데, 불멸 후 900년경 미륵이 중인도에 내려와 유가사지론·분별유가론·대장엄론·변중변론·금강반야론을 말하고, 거기무착·천친이 섭대승론·현양성교론·유식 30송 등을 지어 널리 폄으로써 한때 대성황을 이루었다.

우리나라에서도 원칙법사를 중심으로 신라 때 진표율사가 계법과 점찰법회를 실시, 명심·보종·신방 등에 전해져 법주사·동화사·금산사 등에서 크게 번성한 바 있다.

⑤ 밀교의 발달

중국밀교는 당나라 때 크게 성한다. 밀교가 처음 전해진 것은 서진시대 백시밀다라의 대관정경 공작경에 연유되지만, 안택신주경·5종주독경·7불안택경 등이 유명한 것으로 보아 현실복덕경이 크게 유행하였던 것으로 이해된다.

지겸·담무란 사라굽다에 의해 수십종 주문 다라니가 번역되다가 선무외·금강지·불공·일행·삼장에 이르러 만다라가 제작되고, 풍수지리로까지 발전되어 밀교만이 가질 수 있는 특징적인 불교가 나타나게 되었다.

대개 모든 종파는 출가중심 독신주의 불교가 대부분이었으나, 티벳트·몽골을 배경으로 한 밀교는 가족전체가 한가지종단이 되어 현신성불의 기치를 들고 수행 정진하는 특징을 가지고 있다.

이렇듯 성행한 종파불교가 당 말에 이르면 형계·청량·규봉종밀 등에 의해 종합적인 통불교로써 발전하기는 하지만, 워낙 뿌리가 굳어져 감히 통합을 이룸없이 지금까지 내려오고 있다.

3. 한국불교를 일으킨 사람들

(1) 초전법륜

고구려 소수림왕 2년(372) 전진왕(前秦王) 부견이 사신과 순도스님을 시켜 불상과 경문을 보내 왔다.

또 4년 갑술(374)에는 아도가 동진으로부터 오니 이듬해 을해 2월에 초문사(肖門寺)를 지어 순도가 살게 하고, 이불란사를 지어 아도가 있게 하였다.

이것이 고구려 불교의 시초이다. 그러니 고구려 불교는 일종의 선물불교다.

백제 제15대 침류왕 즉위 갑신년(384)에 인도 스님 마라난타가 동진에서 오니 그를 맞이하여 궁중에 두고 예로써 공경하였다.

이듬해 을유(385) 새서울 한산주에 절을 짓고 스님 열 명을 두었으니 이것이 백제 불법의 시초다.

아신왕이 즉위하여 백성들에게 명령을 내려 "불법을 믿어 복을 구하라" 하였다.

마라난타는 청정율사니 백제불교는 계율중심의 불교였다.

신라 제19대 눌지왕 때에 사문 묵호자가 고구려로부터 일선군에 와서 모례의 집에 와서 굴을 파고 그 속에서 살았다.

이때 양나라에서 사신을 시켜 의복과 향물을 보내 왔는데 어디 쓰는 줄 몰라 널리 나라 안을 다니며 묻자 묵호자가 그

것을 보고

"이것은 향인데 불에 태우면 향기가 나고, 정성을 드리면 신성하게 통해 소원을 이룬다."

하자 묵호자를 불러다 향을 피우니 성국공주의 병이 즉시 나았다.

또 21대 비처왕 때 아도화상이 시종을 데리고 모례의 집에 와서 있었는데, 묵호자와 비슷하였다. 몇해 동안 그곳에 있다가 병없이 죽으니 그 시자 세 사람이 경과 율을 가르쳐 믿는 사람이 생겼다.

아도의 본비에 보면 아도는 고구려 사람이고, 그의 어머니는 고도령이었다고 하였다.

정시년간(240~248)에 조위(曹魏) 사람 아굴마가 사신으로 왔다가 고도령과 관계하여 아기를 낳자 아버지는 이미 본국으로 돌아갔으므로 다섯 살에 출가시켜 16세에 아버지에게 가서 현창화상에게서 19세까지 글을 배우고 돌아오니 어머니가 말했다.

"이 나라는 지금까지 불법을 모르지만 장차 신라에 성군이 나서 불교를 크게 일으킬 것이니 거기 가서 불법을 펴라. 그곳에는 옛 부처님들의 일곱 절터(금교동쪽 청경림 흥륜사, 3천기에 흥륜사, 용궁 남쪽 황룡사, 용궁 북쪽 분황사, 사천끝 영묘사, 신유림 천왕사, 서청전 담엄사)가 있으니 네가 그곳으로 가서 불교를 전파하면 불교의 개조가 될 것이다."

과연 그는 그곳으로 가 불법을 펴 신라불교의 시조가 되었다. 이로써 보면 신라불교는 전연(前緣)을 따른 치병불교라 할 수 있다.

어쨌든 이렇게 해서 3국 불교가 한반도에 자리잡게 되었다.

(2) 이차돈의 순교와 법흥왕의 출가

성국공주의 병이 낫자 미추왕은 묵호자의 뜻을 따라 청경
림에 절을 지어 살게 하였다. 모록의 여동생 사씨는 여승이
되어 삼천기 영흥사에서 살고 있었는데, 미추왕이 돌아가시자
사람들이 법사를 헤치려하므로 법사는 모록의 집으로 가서
행적을 감추었다.

23대 법흥왕이 왕위에 올라 한탄하였다.

"내가 덕이 없어 대업을 이으니 위로 음양의 조화가 모자라
고 아래로 백성들의 즐거움이 없구나. 정사를 보살피는 여가
에 불교에 마음을 두고자 하나 누가 나와 같이 할 자가 없구
나—"

그때 대신 박염촉이 나아가서 말했다.

"신이 듣자오니 비천한 사람에게도 계책이 있다하오니 신
이 중죄를 무릅 쓰고 그 일을 담당코자 합니다."

"이는 네가 할 일이 아니다."

"나라를 위하여 몸을 죽이는 것은 신하의 큰 절개이고, 임
금을 위하여 목숨을 바치는 것은 백성의 의리입니다. 거짓으
로 말씀을 전했다 하여 신을 처벌하면 만민이 모두 굴복하고
감히 왕명을 거스르지 아니할 것입니다."

"살을 베어 저울에 달아 새 한 마리를 살리고, 피를 뿌려
생명을 끊어 짐승 일곱 마리를 살린 일이 있는데, 어찌하여
내가 무죄한 사람을 죽이겠느냐?"

"일체를 버리기 어려운 것은 자기의 신명입니다. 그러나 소
신이 저녁에 죽어 아침에 불교가 일어나게 된다면 성주께서
는 길이 평안하실 것입니다."

"난새와 봉새 새끼는 어릴 때부터 하늘을 닮은 마음이 있다
더니 네가 그렇게 할 수 있다면 진실로 보살의 화현이리라."
하고 명하여 사형을 집행하니 목에서 흰피가 석자나 솟고,
천지가 어두워져 모든 백성들이 말을 듣게 되었다.
그리하여 진흥대왕은 즉위 5년(544) 대흥륜사를 짓고 매년
8월5일 이차돈을 추모하는 행사를 여니 신라불교가 이로부터
불 일어나듯 하였다.

법흥왕은 말년에 왕위를 내놓고 출가하여 이름을 법운이라
하고 자는 법공이라 하였으며, 진흥왕도 그 비도 출가하여 묘
법이라 하였다.
일연스님이 찬했다.

성인의 지혜는 만세를 위하니
구구한 이론은 보잘 것 없다.
법륜이 금륜을 쫓아 구르니
태평성세가 불교로 인해 이루어졌다.

(3) 보덕화상의 비래방장

고구려 연개소문이 보장왕에게 권하여 불교와 유교를 업신여기고 도교를 숭상하자,

"머지않아 고구려가 망할 것이다."

예언하고 그의 방장을 날려 전라북도 전주까지 왔다.

보덕화상은 열반경에 정통한 분으로 유마경의 불이중도사상에 조예가 깊었다. 한 나라의 정치가 어떤 종교에 편향하여 시비를 낳게 되면 그 나라는 결코 망하고 만다.

연개소문은 당나라에 빌어 도교를 받아들이고, 당나라와 싸워 나라를 망하게 하니 이 보다 더 큰 원수는 없다.

고구려 고기에 수나라 양제가 서기 612년 30만 대군을 거느리고 왔다가 영양왕의 국서를 받아 항복문서를 읽는 사이 강궁을 품속에 넣고 간 사신이 양제의 가슴에 활을 싸 죽이니 우상 양명(羊皿)이

"내가 장차 죽어 고구려 중신이 되어 반드시 고구려를 망하게 하겠습니다."

하였는데, 과연 그 서원이 여기 와서 꼭 맞았다 하였다.

1092년 고려의 우세승통 대각국사가 고대산 경복사 비래방장에 이르러 성자의 진영을 뵙고 찬양하였다.

열반이 보편 평등한 것은
우리 스승님으로부터 전수되었다.
애석하다. 승방을 날려 온 후
동명왕의 고국이 위태해졌구나.

당나라 고종 총장 무진(668)에 당나라 우상 유인궤와 대장
군 이적이 신라 김인문과 합세하여 고구려를 치니 나라는 멸
망하고 보장왕은 사로잡혀 당나라로 돌아갔다.

보장왕의 서자 안승은 4천의 집을 인솔하고 신라에 항복했
다.

(4) 원효대사의 민중불교

원효는 진평왕 39년(617)부터 신문왕 6년(686)까지 산 신라의 고승이다. 지금 경북 경산 출산으로 잉피공의 손자며, 내마 담날의 아들이다.

진덕왕 2년(648) 황룡사에서 스님이 되어 무사독오(無師獨悟)로 공부하였다 하나, 삽량주 낭지, 고구려의 보덕화상, 자장 원광의 시대였기 때문에 그 영향을 받은 것이 크지 않은가 생각된다.

34세 때 의상대사와 함께 입당코자 가다가 간첩으로 몰려 돌아오고, 10년 뒤 다시 해로로 가려다가 남양 고총에서 해골바가지 물을 마시고 도를 깨치고 "誰許沒柯斧 我所支天柱"라 노래 불러 태종 무열왕이 그의 둘째 딸 요석공주를 주어 설총을 낳게 하였다.

그 뒤로 스님은 스스로 복성거사 소성거사라 부르며 광대의 모습으로 무애가를 부르며 천하를 주류하였다.

하루는 나라에서 금강삼매경소를 청하자,

"지난 날 나라에서 백 개의 서까래를 구할 때에는 그 속에 낄 수도 없더니, 오늘 아침 단 한 개의 대들보를 가로지르는 마당에서는 나 혼자 그 일을 하는구나-"

하고 물 흘러가듯 설명하였다.

현존하는 그의 저술은 20부 22권, 전해지지 않는 것까지 하면 100여부 240권이나 된다. 그 가운데서도 <대승기신론소>는 <해동소>라는 이름으로 전세계에 알려져 있다.

원효스님은 첫째 학승으로써 세계 제일일 뿐만 아니라 교화승으로써 민중의 지팡이가 되었다.

둘째는 초종파운동으로 모든 불교를 화쟁·일심·무애사상
으로 통일하였다.

원효는 비구·비구니께서 僧殘 波羅夷罪를 대승의 不說四
衆過, 自讚毁他戒와 不謗三寶戒로써 화해시키고, 특히 7개 滅
諍法을 가지고 평화스럽게 살아갈 것을 강조하였다.

승가교단의 화합을 위해 六和敬行(身·口·意·戒·見·利
和敬)을 강조하였고, 이 사상은(圓光·慈藏)에 이르러 더욱 구
체화되고, 기신론·유가사지론의 煩惱·所知·隱密·顯了門으
로 眞妄·染淨·理事·空有·迷悟·因果 등을 不二로 처리하
였다.

이것이 고려에 와서는 大覺國師의 會三歸一思想과 性相融
會 止觀幷修 敎觀一致 사상으로 발전하고, 보조국사의 定慧雙
修 禪敎合一 사상으로 발전하였다. 조선조 함허 득통선사는
유교의 仁·義·禮·智·信이 불교의 殺·盜·婬·妄·酒와
一致한다고 하여 三敎合一운동으로까지 발전하였다.

(5) 월명스님의 도솔가와 융천스님의 혜성가

경덕왕 19년(760) 4월2일 두 해가 나타나자 일관이 말했다.

"인연있는 스님을 모셔다가 산화공덕을 지으면 재앙이 물러날 것 같습니다."

그리하여 조월전에 단을 차리고 기다리고 있자 월명사가 밭두렁을 걸어가는지라 청하였더니 다음과 같이 노래불렀다.

오늘 이 산화가를 불러
뿌린 꽃아 너는
곧은 마음의 명령을 부림이니
미륵 좌주를 모셔라.

조금 후에 괴변이 사라지자 왕은 가상히 여겨 품차 한 봉과 수정염주 하나를 주었다.

월명은 일찍이 죽은 누이에게

생사의 길은 여기 있으매 두려워지고
나는 간다 말도 못 다 이르고 갔느냐.
어느 가을 이른바람에 여기 저기 떨어지는 잎처럼
한 가지에 나서 가는 곳을 모르는구나.
아, 미타찰에서 너를 만나볼 날을
도를 닦아 기다린다.

월명사는 늘 사천왕사에 살면서 피리를 잘 불어 흘러가는 달도 멈추게 하였다.

제5 거열랑·제6 실처랑·제7 보동랑― 세 사람의 화랑들이 풍악에 놀러 갔다가 혜성이 心大星을 범하자 낭도들이 이를 두려워하여 여행을 중지하려 하였다.

그런데 융천사가

옛날 동해 가의 건달바가 논 성을 바라보고
왜군도 왔다고 봉화를 든 변방이 있었다.
세 화랑이 산 구경 오심을 듣고 달도 부지런히 켜려하는데
길쓸별을 바라보고 "혜성이여" 하고 삿된 사람이 있구나.
아아, 달도 저 아래로 떠가고 있으니
이바 무슨 혜성이 있을꼬!

하니 괴성이 없어져 금강산 구경을 무사히 마쳤다.

（6） 나선비구와 세우보살

서기 160년경 희랍의 밀린다왕은 파기스탄 북부지역을 통치하면서 상키야수도원 아유필라 스님을 방문하였다.

"출가의 목적이 나변에 있습니까?"

"바른 생활과 정신적 안정에 있습니다."

"그렇다면 재가자도 능히 그와 같은 삶을 할 수 있지 않겠습니까?"

"그렇습니다."

"그렇다면 스님은 무엇 때문에 가정을 버리고 출가 하였습니까?"

대답을 하지 못하자 빈정됐다.

"인도 전체가 빈깍지로 꽉 차 있구나."

옆에 있던 반타이 장군이 말했다.

"상키야 수도원에 나가세나 스님이 계신다고 합니다."

그래서 500명의 박트리아인들은 왕과 함께 가서 정중히 인사드리고 물었다.

"스님의 이름은 무엇입니까?"

"나가세나라고 하지만 우리 아버지께서 편리하게 부르기 위해서 지어준 이름입니다."

"그러면 그 이름 속에는 아무런 실체가 없다는 말 아닙니까?"

"그렇습니다. 임금님은 여기 오실 때 무엇을 타고 오셨습니까?"

"수레를 타고 왔습니다."

"무엇을 수레라고 합니까. 수레는 바퀴입니까 굴대 입니까?”

“그 모든 것을 합쳐 편리하게 부르는 이름입니다.”

“그렇습니다. 당신의 이 몸도 지·수·화·풍 4대에 정신적 작용 수·상·행·식이 보태진 것입니다. 마치 그것은 들숨 날숨에 영혼이 들어있는 것과 같습니다.”

“아, 인생은 원소의 집합체에 생각의 그림자에 불과하군요.”

“그렇습니다.”

“그렇다면 왜 출가합니까?”

“삶의 고통에서 벗어나기 위해서지요.”

“모든 출가자들이 다 그렇습니까?”

“아닙니다. 자발적인 사람도 있고 타발적인 사람도 있습니다. 당신이 데리고 온 군인들도 자기가 좋아서 온 사람도 있고 남 따라서 온 사람도 있지 않습니까?”

“누가나 공부하면 윤회에서 해탈할 수 있습니까?”

“그렇습니다. 자기가 지은 업에 책임을 질만한 사람은 언제 어느 곳에 있더라도 생명에 자유를 얻을 수 있습니다.”

“사람을 죽이고 나쁜짓을 한 사람도 말입니까?”

“그렇습니다. 작은 돌멩이도 물에 던지면 가라앉지만 큰 바위도 배에 실으면 건너가는 것 같습니다.”

“그렇다면 선행을 할 필요가 없지 않겠습니까?”

“선행을 하면 옆에 사람들을 괴롭히지 않고 질서있게 흘러가는 뗏목과 같습니다. 바다에 이르는 것은 똑같지만 먼저 이르고 나중에 도착하는 차이가 납니다.”

“아, 참으로 희안한 일입니다. 나는 가장 간단한 것으로 스님께 물었는데, 스님은 가장 깊은 답을 얕은 말로 시작하여 이 세상 모든 것이 내가 없다는 이치를 잘 가르쳐 주셨습니다. 감사합니다.”

　이것이 저 유명한 미란타왕문경이고 나가세나경의 내용이
다. 평범한 문답속에서 우주인생의 진리를 잘 가르쳐준 내용
이었다.

（7） 육조스님의 구도

육조대사는 남해 신흥 사람이다. 어려서 아버지를 여의고 땔나무를 팔아 어머니를 봉양하다가, 어느 날 여관집에서 금강경 읽는 소리를 듣고 마음이 열려 어머니의 승낙을 받고 당 함형 때(670~674) 소양으로 갔다가 비구니 무진장스님을 뵙고 열반경을 풀었으며, 5조 홍인에게 가서 인가를 받았다.

그가 들은 금강경은

"應無所住 而生其心"

이고, 열반경의 내용은 사람이 죽는 것이 아니라 마음속에 번뇌가 다 없어진 것이다. 5조께서 물었다.

"어디서 왔느냐?"

"영남서 왔습니다."

"영남 무지랭이들은 장사는 잘 해도 도(道)와는 거리가 멀다."

하니

"사람은 영남 호남이 있으나, 마음에는 남북이 없습니다."

하여 인가를 받은 뒤 8개월 동안 방아만 찧었다.

하루는 스님께서 물었다.

"방아 다 찧었느냐?"

"방아는 진즉 다 찧었으나 아직 택미를 못했습니다."

이 이야기는 공부는 이미 진즉 다 되었으나 스승을 정하지 못했다는 말이다. 이에 5조께서 조실방에 들어와 선언하였다.

"내가 이제 법을 전해줄까 하노니 뜻이 있는 자는 일러보라."

그러나 800대중을 거느리고 있는 신수상좌가 있으므로 모든 사람들이 모두 신수에게 미루고 말이 없었다.

이에 신수가 고민하다가 그날 밤 자정을 넘기고 시 한 수를 지어 벽에 붙여 놓았다.

身是菩提樹　心如明鏡台
時時勤拂式　勿使惹塵埃

5조께서 아침 일찍 화장실에 가시다가 보시고
“이대로만 공부하여도 악도에는 떨어지지 않으리라.”
하니 상좌들이 모두 나와 그곳에 향로다기를 늘어놓고 절을 하고 글을 외웠다.

6조가 방아 찧다가 그 글 외우는 소리를 듣고 물었다.
“그것이 무슨 시냐?”
“신수상좌가 법을 받은 시다.”
“그렇다면 나도 가서 한 번 뵙고 싶다.”
그리하여 가서 보고 일렀다.
“나도 시를 한 수 짓고 싶은데 누가 써주시오.”
“글도 모르는 사람이 시는 무슨 시냐?”
“무식하다고 업신여기지 마시오. 말은 글의 선배니 써놓고 보면 알 것입니다.”
이에 어떤 스님이
“내가 써줄테니 득도하거든 나 먼저 제도해주시오.”
그리하여 땅바닥에 글을 쓰게 되었는데, 그 시는 다음과 같다.

菩提本無樹　明鏡亦非台

本來無一物　何處惹塵埃

　　도대체 이는 신수스님 글과 비교가 되지 않자 사람들이 "와" 하고 모여들자 5조스님께서 나오셔서
　　"이것도 아직 깨치지 못한 글이다."
　　하니 다른 사람들은 모두 그렇게 알았다.
　　그날 오후 스님께서 다시 방앗간에 가서 물으니 전날과 똑같이 대답하자 집고 갔던 지팡이로 방아획을 세 번 치고 뒷짐지고 돌아오시니 이는 오늘 저녁 3경에 뒷문으로 들어오라는 소식이었다.
　　저녁에 가니 벌써 앞쪽은 병풍을 쳐 불을 가리고 가사와 발우를 앞에 놓고
　　"네가 도를 깨친 것을 진즉 알았으나 나쁜사람이 해칠까 두려워 공개하지 않았노라."
　　하시며 가사와 발우를 주시되

　　"有情來下種　因地果還生
　　無情旣無種　無性亦無生 하고

　　아직 때가 되지 않았으니 16년 동안 숨어서 살라."
　　하였다. 이에 법을 받고 스승과 제자가 강가로 나와 건너주었다.
　　강을 건너 대유령에 이르니 옛날 3품장군을 지낸 도명존자가 말을 타고 쫓아왔다. 발우와 가사를 큰돌 위에 놓고 숲속에 숨어 있으니 그것을 집으려 하나 땅에서 떨어지지 않으니
　　"행자여, 나는 발우를 가지러 온 것이 아니라 법을 받으러

왔다."

외쳤다. 혜능이 나가

"선도 생각하지 않고 악도 생각하지 아니했을 때 본래 그대의 진면목이 무엇인가?"

하자 온 몸에 땀을 주르르 흘리며 혜능을 스승으로 모시겠다 하였다. 그러나

"한 곳에서 한 스승을 모시고 살았으니 승적은 5조 스님께 그대로 붙이는 것이 좋겠다."

하고 혜능스님은 사냥꾼들을 따라 다니며 16년을 지냈다. 마침내 광주 법성사에 이르니 스님들이 둘러앉아 다투고 있었다.

"바람이 흔들린다, 깃대가 흔들린다."

스님이 이르기를

"바람도 깃대도 아니고 그대들 마음이 흔들린 것이다."

하여 인종법사의 인례로 삭발 착복하고 대법회를 열게 되었다.

스님은 먼저 마하반야에 대하여 말씀하시고 다음과 같이 무상송을 노래하였다.

"말도 마음도 통하고 보면, 해가 허공에 있는 것 같나니
오직 견성한 법 전하여 세간의 사종(邪宗)들을 부숨이로다.
법에 돈과 점이 있지 않건만 빠르고 더딤이 사람에게 있나니
다만 이 견성하는 문을 어리석은 사람은 모르는 도다.

말은 비록 천만가지나, 이치는 하나로 돌아가는 것
번뇌가 들끓는 어두운 방에 지혜의 등불을 항상 밝히라.

삿된 것에는 번뇌가 일어나고, 바른 것에는 번뇌가 사라지고
삿된 것 바른 것 모두 안쓰면 청정한 무여(無餘)에 이르리.

보리의 근본 제 성품은 마음을 일으키면 그게 곧 망념이라
청정한 마음 망념속에 있나니 밝게만 하면 장애가 없으리라.
세상사람들이 제길가면, 어느것 하나라도 방해될 게 없나니
항상 스스로 제 허물을 보아서 도(道)와 더불어 서로 맞을 때

모두 제길을 가거니, 왜 서로 방해될까 부딪침 없는 것을.
환한 길 놓아두고 무슨 길 따로 찾나,
한 평생 이렁저렁 하다가 마지막엔 뉘우쳐도 못 미치네.
참 도를 보고자 하는가. 바르게 함이 곧 이 도일세.

스스로 만약 도심 없다면, 어둠속을 헤맬뿐, 도는 못 보리니
참으로 도를 닦는 사람은 세간의 잘못을 보지 않는다.
만약 남의 흉만 보는건 제 흉이 도리어 더한 증거라
남만 그르고 나는 옳다 하면 이것은 내가 더 그른 생각이다.

다만 이 그른 마음 물리쳐서 번뇌의 뿌리를 뽑아버리고
밉고 고운데 관심이 없이 두 다리 펴고서 편히 쉬어라.
다른 사람을 교화하려면 스스로 좋은 방편(方便) 있나니
저로 하여금 헤아림없이 바로 이 자성이 나타나게 함이라.

불법은 이 세간에 있는 것, 세간을 떠난 깨달음이 아닌 것,
세간 떠나서 보리를 찾음은 마치 토끼뿔을 구함과도 같은 것,
바른 소견은 출세간도리요, 삿된 소견은 세속적인 것이라

삿된 것 바른 것 두드려 부수면 보리 자성이 완연하리라.

이 게송은 바로 이 돈교(頓敎)며 또 이름이 대법선(大法船)이니, 헛되게 들으면 몇 겁에도 않되나 깨닫기로 말하면 찰나이다.

다음은 10만8천리 서쪽에 있는 극락세계로 10선 8정도를 설명하고 다시 게송을 읊었다.

"마음이 평등하다면 구태여 계(戒)가지며
행실이 고정한데 참선할 필요 있나.
은혜 알아서 어버이 효양하고 의리 지켜 서로 사랑하세.
사양한즉 위아래 화목하고 참고 보면 떠들 일이 없으리니
만일 능히 나무 비벼 불 얻듯하면 진흙에서 연꽃 피리라.
좋은 약이 대개는 입에 쓰고 충성된 말 귀에 흔히 걸리는 것
흠 고치면 반드시 지혜 나고 흉 감추면 그 마음 옳지 않다.
보리는 마음에서 찾는 것을 쓸데없이 밖으로 헤매이랴?
듣고 나서 이대로만 닦아가면 천당이 눈 앞에 있으리라."

(8) 임제 스님의 선기(禪機)

　임제스님은 임제종의 개조로 조주 남화 사람이다. 일찍이 출가하여 제방에 다니며 경률을 연구하고 계율에 정통하였는데, 황벽 희운스님의 법을 이었다.

　황벽회상에 들어와 수년을 지내는데 말 한마디 없이 앉아 있으니 수좌가 말했다.

　"말 한마디도 물을 줄 모르느냐?"

　"뭐라고 물어야 합니까?"

　"불법의 적적대의가 무엇이라 물으라."

　그래서 임제가 황벽스님께 불법의 적적대의를 물으니 그냥 그 자리에서 30방망이를 쳤다. 놀라 뛰어나가니

　"묻는 방법이 잘못된 것 아니냐. 법복을 입고 단정히 물어야지ー"

　하여 법복을 입고 물으니 황벽스님이 그 자리에서 서서 30방을 내리쳤다. 다시 목욕재계하고 와서 물으니 쫓아와서 30방망이를 쳤다. 90방망이를 맞고 나니 그만 다리가 부러졌다.

　도망쳐 나와 다른 곳으로 가려하니 물었다.

　"어디로 가려하느냐?"

　"인연 닿는대로 가려 합니다."

　"내 친구 가운데 돌대가리(石頭)가 있으니 찾아가 보아라."

　다리를 절뚝거리고 석두스님에게 나아가니 석두스님이 물었다.

　"어디서 왔느냐?"

　"황벽회상에서 옵니다."

　"무엇이라 가르쳐 주더냐."

"불법의 적적대의를 물었다가 90방망이를 맞고 다리가 부러졌습니다."

"뭐, 그 노장이 그렇게 간절하게 불법을 가르쳐 주더냐!"

그 순간 임제가 깨닫고

"황벽스님의 불법이 별것 아니군요."

"너는 나와는 인연이 없으니 다시 황벽스님께로 가거라."

그래 가니 물었다.

"왜 그냥 왔느냐?"

"내 스님의 법문이 굉장한 줄 알았더니 별것이 아니더군요."

하고 사실을 말하니

"그놈의 노장이 미쳤구나. 내가 만나기만 하면 가만 놓아두지 않으리라."

"그때까지 기다릴 것 있습니까. 지금 나에게 당장 맞으십시오."

하고 한 대 후려갈기자 황벽스님이 소리쳤다.

"내방에 호랑이가 들어왔다. 저 놈 잡아라."

하니 임제가 엉금엉금 기어다니며 호랑이 소리를 하였다.

이에 법상에 올라 법문을 듣고 법을 전해주니 말했다.

"立所皆眞이요 隨處顯淸이니라."

그 후 임제는 하북 진주성 동남의 임제원에 있었으므로 그 이름을 임제라 부르게 되었다.

어떤 스님이 임제에게 물었다.

"어떤 것이 진불이고 진법이며 진승입니까?"

"심청정이 그것이고, 심광명이 그것이고, 處處無碍淨光이 그것이다. 이 땅이 곧 하나이니 모두가 이름 뿐이기 때문이다.

진정한 도인은 마음이 잠깐도 간격이 없느니라. 달마대사가 처음 중국에 와서 남의 유혹을 받지 않는 사람을 찾다가 2조를 만나 법을 전하고, 천성사로 갔느니라. 나의 오늘 이 소견도 마찬가지니 제1구에서 깨달으면 불조가 될 것이고, 제2구에서 깨달으면 인천의 스승이 되고, 제3구에서 깨달으면 자기도 구원하지 못할 것이다.”

“어떤 것이 제1구입니까?”

“三要의 印을 찍으니 붉은 印발이 비좁고 어쩔 수 없이 자타가 구별되었다.”

“어떤 것이 제2구입니까?”

“묘한 知解가 어찌 무착의 물음을 용납하겠느냐. 이는 방편상 동뜬 근기를 저버릴 수 없다.”

“어떤 것이 제3구입니까?”

“무대에서 꼭두각시놀음을 보면 앉고 서는 것이 모두 두 손에 달린 줄 아는 것이다.”

하고

“1구 가운데 三玄을 구족하고, 1문 가운데 三要를 구족하면 觀도 없고 實도 없고 照도 없고 用도 없을 것이다. 그대들을 알겠는가. 어떤 때의 喝은 금강왕 보검같고, 어떤 때의 할은 쭈구리고 앉아 있는 사자와 같고, 어떤 때의 할은 探竿影草같고, 어떤 때의 할은 작용하지 않느니라.”

스님이 생각하려 하니 그만 활을 하여 쫓아내 버렸다.

임종시에 삼성 혜연에게 유촉하였다.

“나의 정법안장을 멸각하지 말라.”

“화상의 정법을 어찌 멸각하겠습니까?”

“어떤 사람에게 그대에게 물으면 무엇이라 답하려는가?”

“할.”

“나의 정법안장이 이 쇠경나귀에게서 없어질 줄을 누가 알
았겠는가!”

하였다.

(9) 조주다(趙州茶)

조주스님은 만나는 사람마다 차 한 잔 대접하는 것으로 포교하였다. 일찍이 고향 서상원에 올라가 중이 되고자 하니

"3년 동안 시봉 잘 하면 좋은 스승을 만나게 해주겠다."

하였다. 그래 3년 시봉하고 그의 스승과 함께 남전 보원에 가니 스님이 물었다.

"어디서 왔느냐?"

"서상원에서 왔습니다."

"서상을 보았느냐?"

"보지 못한 것은 아닙니다. 누워계신 부처님을 뵙고 있습니다."

"네가 누구에게서 배웠느냐?"

"본래 그러한 것인데 배우기는 무엇을 배웁니까?"

"시자야 내방 옆에 방 하나를 줘라."

저녁 때가 되어 다리를 주무르라 하여 가 물었다.

"불법의 적적대의가 무엇입니까?"

"평상심이다."

"배워서 압니까?"

"야 이놈아 밥숟갈 들고 입에 넣으려 할 때 '밥 들어간다 입 벌려라' 소리 질러야만 아느냐."

조주는 여기서 도를 확실하게 깨달았다.

"내 너를 보니 확실히 도를 깨달았으니 아무데나 다니며 선지식을 찾아보라."

"그런 말씀 하시지 마십시오. 스승 만나게 해준다 하여 3년 동안 시봉하였는데, 스승을 만나고서 어찌 그냥 떠날 수 있습

니까. 30년 동안은 시봉하겠습니다.”

“그래. 30년이면 내가 세상을 떠날 것이다. 그때부터 30년 동안 역사(歷事)하고 90세부터 포교하여도 120세까지는 걱정할게 없을 것이다.”

과연 남전스님은 조주스님 60세에 돌아가셨고, 90세까지 유랑하다가 120세에 조나라 위나라 두 임금님을 제도하고 열반에 들었다.

조주스님 문하에는 많은 선객들이 모여 갖가지로 질문하였다.

“개도 불성이 있습니까?”

“無.”

그때 개가 지졌다. 그래 다시

“개도 불성이 없습니까?”

물으니,

“있다.”

고 대답하였다.

“어떤 것이 조주입니까?”

“동·서·남·북 4문이다.”

부처님을 조성해 모시고 상단법문을 하게 되었는데, 스님이 말씀하였다.

“금불은 용광로를 지나가지 못하고, 목불은 불을 지나가지 못하며, 토불은 흙을 지나가지 못한다.”

어떤 보살님이 오대산 가는 길에 있다가 스님들이 길을 물으면

“똑바로 가십시오.”

해놓고 얼마쯤 가면

“점잖은 스님이 오늘도 또 저렇게 가시네.”

하자, 스님이 그 말씀을 듣고 가서 실제 그렇게 해보고
와서

“내가 그 여자를 감정하고 왔다.”

하였다.

(10) 보조국사의 定慧雙修

　보조국사는 황해도 출신이다. 8세에 출가하여 25세에 선과에 합격하고, 동학반려들과 3년 후에 다시 만나 공부하기로 하였으나 得才士와 단둘이 만나게 되어 대구 부인사에서 육조단경을 보다가 깨닫고 지리산에 들어가 10년 공부를 마친 뒤 대혜 종고선사의 서장을 보고 송광사에 내려와 인재양성에 힘썼다.

　誠初心學人文·眞心直說·修心訣 등은 스님의 玉著로써 定慧雙修를 집약한 통불교적 교재이다.

　세상사람들이 출가 후에도 名利에 끌려 도닦는 것은 그만두고라도 중생구제의 본무를 소홀히 함으로써 스스로 경책하고 몸소 실천하여 고려 불교의 중흥조사가 되었다.

　性寂等持門·圓頓信解門·徑截門은 스님께서 공부의 방식으로 제시한 要門인데 선정과 지혜로써 성성적적한 본마음을 깨닫는 것이 성적등지문이고, 화엄경의 도리를 보고 總·別, 同·異, 成·壞의 이치를 깨달아 자기분수대로 살줄알면 원돈신해문이 되고, 바른 화두를 들고 인생의 의문을 투철할 수 있으면 경절문이 된다 하였다. 같은 믿음이어도 교를 중심한 사람은 인과법을 믿고 成佛作祖의 희망을 가지고 살고, 조사문에 이른 사람은 제 마음이 부처인 것을 믿고 따라 가므로 다시는 생을 받지 않는 열반을 증득하게 된다 하였다.

　억보산 백운정사 적취암, 서석산 규봉란야, 조월암 등 제자들을 위해 지은 절이 많고, 인연 따라 나아가서 직접 포교하니 貴賤이 모두 함께 우러러 보았다.

　1205년 희종이 즉위하여 송광산을 조계산으로 내리고 만수

가사를 보내 상경하기를 바랬으나 유유히 수행자로써 한 세
상을 보내 52세의 짧은 나이로 세상을 하직하였다.
　그러나 그의 역사는 조선조까지 16국사가 대대로 계승하여
지금까지도 僧之宗風이 흩어지지 않고 있다. 송광사에 영정과
甘露塔이 있다.

（11） 서산·사명의 호국불교

서산대사의 호는 청허다. 묘향산에 있었으므로 서산이라 부르게 된 것이다. 10세에 아버지를 잃고 안주 목사를 따라서 서울에 와 성균관에서 공부했으나 학인들끼리 몇차례 지리산을 찾아가게 된 것이 숭인장로의 제자가 되게 된다.

21세에 영관스님의 인가를 받고 마을을 지나가다가 닭우는 소리를 듣고 깨달음을 얻는다.

"옛사람이 머리는 희었어도 마음은 희어지지 않는다 하였는데, 어찌 사람을 속일 수 있겠느냐. 장부의 할 일을 이제 다 끝냈도다."

髮白心非白　古人曾漏洩
今聞一聲鷄　丈夫能事畢

금강산에 올라갔다가

萬國都城如蛭蟻　千家豪傑等醯鷄
一窓明月淸虛枕　無限靑風韻不齋

라 하는 시를 지었는데, 정여립의 옥사에 연루 되었다고 무염이란 스님이 무고하여 옥에 갇혔는데, 선조가 직접 불러 사과하고 방면하였다.

그때 선조께서 대나무 하나를 그려주며

葉自毫端出　根非地而生

月來無是影　風動不聞聲

이라 하니

蕭湘一枝竹　聖主筆頭生
山僧香爇處　葉葉帶秋聲

이란 시를 지어 서로 마음이 통하는 바가 있었다.
　그런데 임진왜란이 일어나 선조께서 의주로 피난가다가 스님을 생각하고 불러 8도 16종도총섭으로 임명하자 각지에서 의승병이 일어나 평양을 탈환하였다. 서울에 돌아와서는 "國一都大禪師禪敎都摠攝扶宗樹敎憂濟登階尊者"란 호를 내려주시니 모든 일을 유정과 처영에게 맡기고 묘향산 원적암에 들어가 열반에 들었다.

八十年前渠是我 八十年後我是渠

　이것이 열반송이다. 스님이 지은 선교석 운수단 三家龜鑑은 비교적 교학의 중요한 자료가 된다.

　유정 사명대사는 밀양 출신이다. 일찍이 부모를 잃고 직지사에 출가하여 18세에 선과에 급제 선종의 주지가 되었으므로 묘향산에 가서 청허의 제자가 되었다. 금강산 오대산을 지나며 정진하다가 하룻밤 사이에 소낙비가 내려 꽃들이 떨어지는 것을 보고 무상을 절감했으며, 1592년 왜구가 침범하자 서산대사의 명을 받고 전장에서 활약하여 그의 영결함이 세상

　일등포교사 이등포교사

에 들어났다.

왜장이 물었다.

"너희 나라의 보물이 무엇이냐?"

"왜장 가등청정의 머리다."

선조가 듣고 불러 3군 통솔의 일을 맡기고자 하였으나 사양하므로 용기산성·팔공산성·금오산성 등을 쌓게 하고, 1604년에는 국서를 받들고 일본에 들어가 가등청정을 만나 강화하고 포로 3500명을 데리고 왔다. 선조가 가상히 여겨 가의대부를 시키고 御馬의 紵絲表裏를 하사했으나 묘향산으로 갔다가 선조의 비보를 듣고 拜哭한뒤 해인사에 내려가 67세로 열반에 들었다.

나라에서는 慈通弘濟尊者의 호를 내렸는데, 그의 저 奮忠紓難錄은 임진왜란의 진면목을 살펴볼 수 있다.

(12) 진묵스님의 신통불교

　스님의 이름은 일옥이고 호는 진묵이며 만경 불거촌 사람
이다. 어머니는 조의씨인데 대사가 태어났을 때 주위의 풀 나
무들이 3년 동안 마르고 시들하였다. 사람들이 말하기를,
　"이 사이에 큰 사람이 날 징조다."
　하더니 과연 스님은 태어나면서부터 비린내 나는 것을 좋
아하지 않고 심성이 지혜롭고 사랑스러워 불거촌에 생불이
태어났다고 하였다.

　7세에 전주 서방산 봉서사에 들어가 내전을 익혔는데 속속
들이 그 내용을 알고 이해하고 눈으로 보기만 하면 외워 스승
의 가르침을 필요로 하지 않았으니 대중들은 그가 누구인지
알지 못하므로 작은 사미로만 불렀다. 그런데 주지 스님께서
부전일을 맡겨 아침 저녁으로 부처님과 신중님께 향 사르고
예배하자 오래지 않아 주지스님 꿈에 "저희들 작은 신들이 큰
스님 부처님께 예배를 받으니 죄송하여 견딜 수 없습니다. 내
일 아침부터는 큰스님께서 예배하시지 말라 하여 주십시오"
하여 대중들이 입을 모아 "부처님께서 거듭 태어나셨다"고 하
였다.

　봉서사 5리 밖에 봉곡선생님 집이 있었는데 봉곡선생은 사
계(沙溪)선생의 높은 제자였다. 서로 왕래하면서 방외(方外)의
도리를 주고받으니 괴이한 사람들이라 하였다. 하루는 선생님
집에서 강목(綱目) 한 부질을 빌려 일꾼에게 짊어지게 하고
절로 돌아오는데 오면서 책을 한 권씩 한 권씩 빼어 보고, 보

고 나서는 길거리에다 책을 버렸다. 절에까지 오고 나니 한 권도 남지 않는지라 일꾼이 물었다.

"어찌하여 남의 책을 길거리에 함부로 버리십니까?"

"고기를 잡았으면 통발은 버려야 되지 않겠느냐."

할말이 없었다. 일꾼이 돌아오는 길에 길가에 흩어진 책들을 주어가지고 와서 봉곡선생에게 말씀드리자 봉곡선생님은 후일 스님을 모셔 그 책 내용을 물으니 스님께서는 글자 한자도 틀리지 않게 그 모든 강목을 다 외우고 있었다.

하루는 봉곡선생이 여자 노비에게 여러 가지 음식을 마련하여 보냈다. 그런데 길거리서 스님을 만나니 스님께서 허공을 바라보고 섰다가 말했다.

"너 아기 가지고 싶으냐?"

노비가 대답이 없자

"박복한 중생 할 수 없구나."

하고 신령스러운 기운을 헛되이 샐까봐 멀리 허공 밖으로 물리쳤다.

스님께서 사미로 있을 때 창원 마상포를 지나가는데 한 동녀가 보고 사정하였다. 형편이 따라갈 수 없어 마침내 죽어서 남자로 태어나 전주 대원사에서 만나게 되었으니 이름을 기춘(奇春)이라 불렀다. 스님께서 그를 시봉으로 데리고 있으면서 이락삼매(離樂三昧)에 빠졌다. 참되고 한결같은 마음이 진여 속에 유독 빛나는 것을 그 누가 알겠는가. 대중들이 말했다.

"기춘을 위해 한턱 내십시오."

"그래 그렇게 하지."

하고

"대중들은 발우를 펴고 국수 먹을 준비를 하라."

하였다. 대중들이 발우를 펴자 스님께서는 기춘에게 바늘 하나씩을 돌려 바리때 속에 놓도록 하고 물을 따른 뒤 젓가락으로 저으라 하자 즉시 발우 속에 국수가 가득하여 넉넉하게 먹었다.

스님께서 일출암에 계실 때 어머니를 왜막촌에 모시고 있었는데 모기 때문에 고생을 하자 스님께서 산신령을 불러 야단을 쳤다.

"너는 부모도 없느냐. 우리 어머니를 왜이리 괴롭히느냐?"

이에 놀란 산신령이 모든 모기를 다른 곳으로 몰아내어 지금까지도 왜막촌에는 모기가 없다.

어머니께서 돌아가시자 만경 북쪽 유앙산에 장사지내고

"누구고 이곳을 청소하고 절을 올리는 사람이 있으면 풍농의 이익을 얻으리라."

하여 원근촌 사람들이 다투어 음식을 올리고 묘역을 보살펴 수백년이 지난 오늘까지도 향화가 그치지 않고 있다.

스님께서는 늘 곡차를 즐겨 마셨는데 술이라 하면 들지 않았다. 하루는 공양주께서 술을 거르자 술 냄새가 코를 찌르는지라 가서 물었다.

"무엇 하는가?"

"술 거릅니다."

스님께서는 아무말없이 돌아왔다. 또 가서 물었다.

"무엇 하는가?"

전과 같이 대답하자 무료히 돌아왔다가 잠시 후 다시 가서 물었다. 행자가 끝내(미워라고) 곡차라고 답하지 않고 술을 거른다고 대답하자 스님께서는 희망을 잃고 돌아왔다. 그런데 그때 금강역사가 철퇴를 휘둘러 술 거르던 행자를 내려쳤다.

스님께서 변산 월명암에 계실 때 시자 한 사람만 남기고 대중스님들은 모두 탁발을 나갔다. 그때 시자가 기고(忌故)가 있어 속가에 가면서 "공양을 탁자 위에 올려놓았으니 때가 되면 잡수십시오." 하고 떠났다. 그런데 그때 스님은 능엄경을 보시면서 "오냐 잘 다녀오너라" 하여 이튿날 다녀와서 보니 밥도 탁자에 그대로 있고 스님의 손가락이 문지방에 끼어 피가 흘렸는데도 모르고 경을 읽고 있었다. 시자가

"그 동안 안녕하셨습니까?"

문안하니

"아니 속가에 간다더니 언제 왔느냐."

도리어 물었다. 하룻밤 하루 낮을 능엄삼매에 빠져들어 그대로 지내신 것이다.

매일 저녁 동쪽으로부터 밝은 별빛이 비쳐왔다. 자세히 살펴보니 청량산 목부암의 장명등이었다. 스님께서 드디어 그곳으로 옮겨가 살았는데 그곳에는 16나한이 있어 항상 스님을 시봉하였다. 불빛이 멀리 월명암까지 비친 것은 아마 나한님들이 큰스님에게 자신들이 그곳에 있다는 것을 알린 것일 것이다.

전주에 은둔하여 사는 한 아전이 있었다. 그는 평소 대사하고 인연이 있는 사람이다. 관청의 물품들을 사사롭게 소비하고 장차 도망하고자 대사에게 와서 물었다. 대사가 말했다.

"관물을 축내고 도망간다면 어떻게 사내대장부라 할 수 있겠느냐. 집에 돌아가 두어말 공양미를 가지고 와서 이곳 나한님께 기도를 드리면 좋은 방법이 나올 것이다."

아전이 돌아가 쌀을 준비해 가지고 왔다. 스님께서 시자를 시켜 공양을 지어 나한님께 올리도록 하고 아전에게 물었다.

"부중(府中)에 혹 빈자리가 있는가?"

"예. 형리(刑吏)가 있기는 합니다만 월급이 박하고 무료한 자리입니다."

"그렇다면 그 자리를 자청하여 맡되 30일을 넘기지 말라."

아전이 돌아가자 대사는 주장자를 가지고 나한당으로 들어가 차례대로 나한님 머리를 두들기면서

"아전의 일을 도와 주라"

부탁하였다.

이튿날 밤 나한들이 아전의 꿈에 나타나 꾸짖었다.

"그대가 원하는 일이 있으면 바로 우리들에게 말할 일이지 어찌하여 큰스님께 말씀드려 우리들을 괴롭히느냐. 너로 보아서는 돌볼 수 없지만 스승님 부탁을 저버릴 수 없어 도와준다."

아전은 이 꿈을 꾸고 자청하여 형리가 되었다. 30일 동안 축낸 관물을 보충해놓고 다른 아전에게 자리를 물려주니 다른 아전은 뇌물죄로 그만 구금되고 말았다.

하루는 스님께서 홀로 길을 걸어가다가 한 사미를 만나 낙

수천 가에 이르렀다.

"네가 먼저 건너가 물이 깊고 얕은 것을 알아 보라."

하니 사미가 가볍게 건너가자 스님께서는 안심하고 몸을 물에 넣었다가 깊이 빠지게 되자 사미가 붙잡아 건져주었다. 그때서야 나한들이 장난한 것을 알고 한 게송을 읊었다.

그대 영축산의 미련한 나한들아
마음속의 잿밥 언제나 쉬려느냐.
신통 묘용은 비록 따르기 어려우나
대도는 마땅히 나에게 물으리라.

스님께서 개천가에 이르니 어린아이들이 천렵을 하여 물고기를 끓이고 있었다. 스님께서 끓는 솥을 들여다보고

"발랄한 고기들이 죄 없이 삶아지는구나."

탄식하니 한 소년이 희롱하며 말했다.

"스님께서도 한 그릇 드시겠습니까?"

"주면 잘 먹지."

"그럼 저 한 솥을 스님께 맡기겠으니 알아서 하십시오."

스님께서는 입을 솥 가에 대고 순식간에 다 마셔버렸다. 이에 소년들이 모두 놀라 이상히 여기면서 말했다.

"부처님은 살생을 금지하였는데 어떻게 이렇게 고깃국을 마시고도 스님이라 할 수 있습니까?"

"죽인 것은 내가 아니지만 살려주기는 내가 하겠다."

하고 마침내 옷을 벗고 물가에 등을 돌려 설사하니 무수한 물고기들이 항문으로부터 쏟아져 나왔다. 봄물을 타고 금빛을 번쩍거리며 뛰노는 물고기를 보고 스님이 말씀하였다.

"너희들은 이제부터 저 강가로 가서 다시는 미끼에 걸려 가
마솥에 삶아지는 고통을 격지 말아라."

이에 모든 소년들은 탄식하고 그물을 거두어 가지고 갔다.

하루는 스님께서 봉서사에 계실 때 시자를 불러 명령하였
다.

"소금을 가지고 부곡으로 가거라."

"가서 누구에게 줄까요."

"가면 알게 될 것이다."

시자가 소금을 가지고 재를 넘어 골짜기를 내려가니 사냥
꾼들이 방금 노루를 잡아 회를 쳐 가지고 소금이 없어 먹지
못하고 있었다. 그런데 그때 시자가 소금을 가지고 오자 "이
는 필시 옥노(玉老 ; 진묵대사)께서 우리를 불쌍히 여겨 보내
주신 것이다" 하고 감사하였다.

하루는 스님께서 물을 찾아서 미지근한 쌀뜨물을 갖다 드
리니 그것을 받아 입에 머금었다가 동쪽을 향해 내뿜었다. 뒤
에 들으니 합천 해인사에 불이 나서 다 탈 뻔하였는데 갑자기
뿌연 뜨물비가 내려 불을 꺼주었다. 알고 보니 그 시간이 바
로 노스님께서 뜨물을 입에 머금었다 내뿜은 시간이었다.

한번은 스님께서 봉서사 뒤 상운암에 계실 때 탁발승들이
식량을 구하기 위해 멀리 나갔다가 한 달만에 돌아왔는데 스
님의 얼굴에 거미줄이 처져있고 무릎사이에 까지 먼지가 쌓
여 있었다. 그래서 먼지를 쓸어내고 거미줄을 거두어 낸 뒤

"스님 여기서 무얼 하고 계십니까?"

하니
"너희들은 어찌하여 이렇게 빨리 돌아왔느냐."
하고 물었다.

또 스님께서 대원사에 계실 때 밥 때가 되면 밀기울만 물
에 타서 잡수셨다. 대중들은 그것이 싫어서 박대하여 공양도
권하지 않을 뿐 아니라 더러운 것으로 밀기울을 더럽혔다. 그
런데 그때 한 스님이 허공 가운데서 밥 발우를 가지고 내려와
스님께 드리니 스님께서는
"밥을 받는 것은 좋으나 멀리서 이렇게 까지 수고할 필요가
있는가."
하였다. 밥을 가지고 온 스님이 말했다.
"저는 해남 대둔사 스님입니다. 밥 때가 되어 막 발우에 밥
을 퍼놓았는데 갑자기 발우가 공중으로 떠 붙잡으니 제 몸까
지 따라 이곳에 오게 되었습니다. 앞으로는 아침저녁으로 스
님께 공양하기를 원합니다."
"그래 좋을대로 하게."
이렇게 하여 장장 4년 동안을 아침저녁으로 발우가 왔다
갔다 하였다. 하루는 스님께서 대중들에게 말했다.
"너희들은 앞으로 7대에 걸쳐 액운을 만날 것이다."
과연 대원사는 그렇게 좋은 터를 가지고 있으면서도 가난
을 면치 못하고 있다.

천계 임술년(1622) 완주(전주) 송광사와 홍산(충성) 무량사에
서 똑같이 불상을 모시고 같은 시간에 점안식을 하고자 증사
로 스님을 청하였다. 어느 쪽만 갈 수 없으므로 스님께서는

각각 증물(證物)을 주어 단위에 올려놓고 작용을 관하라 하고 경계하였다.

"무량사의 화주는 불상이 점안되기 전에는 절대로 절 문밖에 나가지 말라."

그래서 송광사에서는 주장자를 증사단에 세워놓았는데 밤낮없이 꼿꼿이 서서 넘어지지 않았으며, 무량사에서는 염주를 증사석에 놓아두었는데 염주가 계속 소리를 내면서 돌아갔다.

그런데 무량사에서 홍성에 사는 어떤 사람이 불상 조성금을 단독으로 내기로 약속하여 그것을 받고자 화주가 일주문 밖에까지 나갔다가 갑옷을 입은 신장님께 매를 맞아 죽었다.

하루는 스님께서 게송을 읊었다.

하늘을 이불 삼고 땅으로 구들장 삼고 산으로 베개삼고
달로 촛불 켜고 구름으로 병풍 치고 바닷물로 술을 빚어
크게 취해 거연히 일어나 춤을 추니
소맷자락이 곤륜산에 걸리도다.

하루는 스님께서 목욕하고 머리 깎고 옷을 갈아입고 주장자를 끌고 개울가에 나가 물가에 주장자를 세우고 손으로 물속의 그림자를 가리키며 시자에게 말했다.

"저것이 석가모니 부처님이다."

"스님의 그림자입니다."

"너는 단지 스승만 알았지 진짜 석가는 모르는구나."

드디어 방으로 들어와 앉아서 제자를 불렀다.

"내 이제 가고자 하니 무엇이고 물을 것이 있으면 물으라."

"스님께서 돌아가신 뒤 백년 후에는 누구를 의지하여 종승

을 삼을까요?”

“종승은 무슨 종승이냐.”

“그래도 종승이 없으면 어떻게 하겠습니까?”

대사가 마지못하여 말씀하였다.

“명리승이지만 그래도 정장로(靜長老 : 휴정)에게 붙여주어
라.”

드디어 편안히 입적하시니 때는 1632년 계유 10월28일로
세수는 72세이고 법랍은 52세였다.

(13) 신라 화랑(新羅 花郎)

신라 제24대 진흥왕이 큰아버지 삼맥종의 뜻을 따라 왕위에 올라서도 널리 절을 짓고 스님들을 받들어 불법을 크게 펴려하였다. 왕은 천성이 멋스러워 신선을 크게 숭상하여 민가의 아름다운 처녀들을 가려서 원화(原花)라 이름 붙이고 그들 무리를 모아 그 중에서 인물을 선발하여 효제 충신을 가리려 하였다.

그런데 남모 낭자가 교정의 질투를 받아 술자리에서 몰래 죽여 북천의 돌틈에 묻어 죽게 하니 이로인해 원화가 해체되었다.

그 후 여러 해 동안 고민하는 임금님을 보고 낭도들이 풍월도(風月道)를 모아 명칭을 화랑이라 하고 설원랑을 받들어 국선을 삼았다.

이것이 악을 고쳐 선을 행하고, 윗사람을 공경하고 아랫사람들을 사랑하는 풍이 생겨 5상(仁·義·禮·智·信) 6예(禮·樂·射·御·書·數) 3사(太師·太傅·太保) 6정(聖臣·良臣·忠臣·智臣·貞臣·直臣)의 시대가 열렸다.

흥륜사 진자스님이 보니 세상의 일반사람으로서는 이 같은 일로 본을 보이기가 어려우므로 미륵상 앞에 나아가 기도드렸다.

"우리 부처님께서 화랑으로 화신하여 세상을 빛나게 하여 주시옵소서."

하루는 꿈에 한 스님이 나타나

"그대가 미륵을 만나고 싶으면 웅천(공주) 수원사에 가서 만나보라.”

하여 절밖에 이르니 체구가 풍만하고 섬세하게 잘 생긴 청년이 길을 안내하며

“저리로 들어가십시오. 나도 서울 사람입니다.”

하였다. 들어가 아무리 기다려도 소식이 없으므로 대중에게 이야기하니

“여기에는 그런 사람이 없으니 남쪽 천산(千山)으로 가보십시오.”

하여 천산으로 갔다. 어떤 할아버지가

“여기는 왜 왔는가?”

물어 사실대로 이야기하니

“그 청년이 바로 미륵인데 눈이 없어 제대로 보지 못하였군요.”

하며,

“다시 본국에 나아가 기도해 보십시오.”

하였다. 그래 하는 수 없이 본국으로 돌아와 다시 미륵부처님 앞에서 기도드렸더니 하루는 미목이 수려한 한 동자가 영묘사 동쪽에서 놀고 있었다.

“네 이름이 무엇이냐?”

“성은 미씨이고 부모는 알지 못합니다.”

그래 무등을 하고 나라 임금님께 바쳐 화랑의 두수로 삼으니 그의 행과 말이 나랏임금님의 뜻에 꼭맞아 인재양성의 기초를 다지게 되었다.

남백월산 달달박박과 노힐부득이도 이 화랑과 같은 인물이나, 두 사람이 똑같이 발심하여 공부하였으나 마음이 평등치

못하여 한 사람은 얼룩부처가 되고, 한 사람은 진짜 부처가
되었다.

진정법사는 화랑도 출신이다. 군대에 있을 때 출가를 사모
하였으나 어머니께서 며느리를 구하므로 하는 수 없이 고백
하였다.

"어머니께서 돌아가시면 출가하여 중이 되고자 합니다."

"그렇다면 내가 너의 공부를 방해해서 되겠느냐."

하고 그 길로 남은 쌀로 밥을 지어 나누어 먹고 나머지는
싸주면서

"뒤도 돌아보지 말고 스승을 찾아 공부하라."

하여 그 분은 그 길로 영주 부석사에 가서 의상대사의 제
자가 되었지만, 어머니는 거리의 화주가 되어 끼니를 얻어먹
고 살았다.

하루는 어머니께서 어느 탑 앞에서 서서 등천하는 모습을
보고 의상대사에게 이르니 어머니를 위해 90일 동안 화엄경을
강하자 하여 추동기(錐洞記)가 생기게 되었다. 진실로 선행과
효도가 아름다운 스님이다.

(14) 자장율사와 원광법사

자장율사의 아버지는 소판 무림이다. 자식이 없어 3보께 귀의하여 천부 관음보살님께 발원하였더니 어머니가 하늘에서 별이 떨어지는 것을 보고 4월8일 부처님 오신 날 아들을 낳아 이름을 선종낭(善宗郎)이라 지었다.

마음이 슬기롭고 정신이 아늑하여 문장과 기예가 뛰어났으나 세속의 욕망에 물이 들지 않고 고요히 산속에 들어가 도 닦기를 좋아하므로 오대산 월정사에 들어가 고골관(枯骨觀)을 닦았다.

때마침 나라에서는 제상 자리가 비어서 임금님께서 사람을 보냈다.

"나오지 않으면 베어라."

"내 차라리 하룻동안 계를 지킬지언정 백년동안 계를 어기고 살지 않겠다."

하여 나라에서는 그의 출가를 허락하였다. 이에 중국 오대산에 들어가 문수보살을 만나 수기를 받은 뒤 종남산에 들어가 3년을 지냈다.

"그대의 나라에는 여자가 왕이 되어 덕은 있어도 위엄이 없으니 용궁 남쪽에 9층탑을 세우면 일본·중국·오월·탐라·응유·말갈·걸안·여진·예맥 등의 나라가 진압되어 침범하지 아니할 것이다."

그리하여 본국에 돌아와 9층탑을 세우고 대국통이 되어 계율을 지키는 나라가 되게 하였다.

통도사에 계단을 설치하고 모든 출가자와 국민들로 하여금

계를 받아지키게 하니 나라의 기강이 바로 섰다.

스님은 자신이 태어난 집을 원녕사로 고치고 낙성회를 하면서 잡화(화엄경) 1만게를 강의하니 52류의 여인들이 감동하였으므로 그 자리에 나무를 심어 知識樹라 부르게 되었다.

말년에는 강릉 수다사에 있었는데 중국 오대산에서 만났던 스님이 나타나
"내 너를 大松汀에서 만나겠다."
하여 나가니
"葛盤地에서 만나자."
하였다. 이에 시자를 데리고 석남원(정암사)에 가서 기다리니 삼태기에 죽은 강아지를 짊어지고 한 거사가 들어와
"자장을 보러 왔다."
하므로
"지금까지 우리 스님의 이름을 함부로 부르는 사람이 없다."
고 하자, 그냥 나갔다. 이에 소식을 듣고 자장이 나와서 보니 벌써 문수대성이 사자보좌에 앉아 길을 떠났다.

황룡사 석원광은 속성이 박씨다. 3한 가운데 진한 사람이다. 대대로 조선에 살아 조상의 풍습이 오래 계승되었다. 일찍이 세속 학문을 익혀 모르는 것이 없더니 불법에 귀의하여서는 세속 학문이 썩은 지푸라기처럼 느껴졌다.
중국에 들어가 구족계를 받고 3장 석론(釋論)을 두루 구경한 뒤 포교에 힘쓰다가 수나라의 군대에 잡혀 죽게 되었다.

탑 앞에 구금되어 있는데, 적장이 보니 탑이 불에 타므로 쫓
아가 구하고 보니 스님이었다.

　이에 수나라 임금이 허락하여 본국으로 돌아와 외국문서를
살피는 가운데 선비 귀산과 추항이 와서 평생 교훈이 될만한
것을 부탁하니

　① 事君以忠
　② 事親以孝
　③ 朋友有信
　④ 臨戰無退
　⑤ 殺生有擇

하라 가르쳐 주었다. 이것이 저 유명한 화랑 5계이다. 귀산이
"다른 것은 다 알겠으나 살생은 어떻게 가려야 합니까?"
하니
"재일과 봄 여름엔 함부로 죽이지 말고, 소와 말·닭·개는
함부로 잡아먹지 말고, 젓가락으로 집어 한 젓가락이 되지 않
는 것은 함부로 잡아먹지 말라."
하여 산란기와 농번기 재공일을 가려 살생하게 되었다.

발심포교사

（1） 아쇼카왕과 카니시카왕

서기 전 4세기말
희랍의 알렉산터대왕이 서북인도를 점령하자
공작왕조의 전타라굽다왕이 일어나
이를 평정하고 서북인도와 중인도 전체를 통일하였다.

전타라굽다왕의 손자인
빔비사라 임금의 아들인 아쇼카가
즉위 9년 전인도를 통일하였으나
10만의 전사자와 18만명의 포로를 놓고
전장의 참혹과 비참을 참회,
자비의 불교에 귀의, 정법정치를 실현하였다.

즉위 11년에 수계제자가 되고
이듬해엔 사형제도를 폐지하고
수렵 방생을 거국적으로 실천한 뒤

왕자 마힌다와 왕녀 승가밀다를 출가시키고
친히 불교성지를 순례 기념비를 세우고
사탑을 건립 불승을 공양한 뒤
전세계에 정법대관과 전도사를 보내
진심으로 인류의 행복과 국민의 안녕을 빌었다.

월씨국 귀상왕조의 제3대 카니시카왕은
서력 기원 2세기경 중인도 안식국·소륵·사거 등을 정복
동북아시아의 대영주가 되었다.

왕도를 건타라국 포루사보라성에 정하고
카니시카성을 가습미라국에 건설
동서문명의 교차지가 되게 하고
새로운 건타라국 특유의 문명을 산출하였다.

마가다국 중천축국 화씨성을 정복하고는
마명대사와 부처님의 발우, 慈心鷄를
9억금의 배상으로 대체하여 중화불교의 거점이 되게 하니
장차 인도의 부파 소승불교는
이곳을 통해 중국으로 수입되게 된다.

세우·협존자·묘음·법구·각천 등
유명한 아라한들을 모시고
우바제사(경소) 10만송
비나야비바사(律疏) 10만송
아비다르마비바사(論疏) 10만송을 제작

동판에 새겨 석탑에 봉안하였다.

특히 이 왕은 재위 30년 동안
곳곳에 물을 파고 다리를 놓고
집을 지어 하천한 백성들을 보살피는 복지를 실천하고
불승들에게 공양을 하고 법문을 듣게 하여
어리석은 마음을 깨닫게 하였다.

(2) 이사스님의 구도

예수의 일생은 험난하기 그지없다. 태어나면서부터 아버지가 누구인지 알지 못하는데다가 천문지리학에 밝은 이교도(조로아스타교)들 때문에 5, 6년 동안 고향을 피해 있어야 하였고, 급기야 고향에 돌아와서도 아버지 요셉에게 목수일을 배워 가난한 삶을 면치 못하게 되었다.

서기전 4세기 알렉산더대왕이 서북 인도를 점령한 이후 수년에 걸쳐 인도와 유럽간에 교통이 열렸으나, 서기 2세기 전 미란타왕과 나선비구와의 이야기가 미란타왕문경이라는 이름으로 널리 알려지고, 또 아쇼카왕의 전도사들이 종종 와서 불교를 전도하는 것을 보았다. 그래도 그는 불경이나 바라문교의 베다보다는 이스라엘 전통의 구약성서가 훨씬 좋았다.

어느 날 인도에서 온 왕족이 아버지께 말씀드려 인도로 가게 되었는데, 가서 보니 인도사람들은 4성계급이 있어 진짜 잘 사는 사람은 천당과 같은 생활을 하고, 못사는 사람은 아귀 축생과 같은 생활을 하였다.

마누법전을 보니 하나님이 사람을 만들 때 직업적인 차별 때문에 머리로 난 사람과 팔·배·발로 난 사람이 구분되어 그렇게 살고 있었다.

그래서 예수님은 그를 반대하다가 죽을뻔하여 불교사원으로 피신하여 이사스님이 되었다.

그동안 3년 동안 배운 베다경전과 마누법전은 모두가 바라문교의 성전에 관계된 것이었고, 우도라카의 자연의학과 불교의 철학은 성평등 무차별의 자비의 종교이고, 진실로 병든 자를 구원하는 자연의 원리였다.

서양에서는 모든 사람의 병이 하느님의 상벌 때문에 생기는 것으로 판정하는데, 여기에서는 정신적인 귀신병도 있기는 하지만, 대부분이 4대 5온 병으로 이 몸을 구성하고 있는 원소와 세상의 기후 풍토의 영향 때문에 오는 병도 많다는 것을 깨달았다.

특히 간디스강가에 가서 한번 목욕하면 500생의 죄업이 소멸된다 하여 아침부터 저녁까지 물에 들어가 나오지 않는 사람들도 보았는데, 부처님께서

"이쪽 언덕에서 저쪽 언덕으로 소를 몰고 다니는 목동은 일생내내 소와 사람이 목욕하기 때문에 죄가 하나도 없겠구나."

하신 말씀을 보고 사람이 부모님께 지은 죄는 부모님께 사하고, 스승과 제자 나라와 백성에게 지은 죄는 나라와 백성에게 참회하여야 한다는 원리를 배워 장차 돌아가서는 물로 세례하는 것을 성령으로 세례하도록 가르쳤다. 이것은 바로 이참(理懺)과 사참(事懺)의 불교원리를 응용한 것이다.

그리고 이스마일 여인에게 물을 요구하였다가

"나는 이스마일 사람이기 때문에 물을 떠줄 수 없습니다."

하니

"하느님은 모든 나라의 하느님이기 때문에 걱정없다."

하여 물을 얻어먹은 일이 있는데, 이는 구약이 이스라엘 백성과 애굽사람들만을 위한 성전이었던 것을 전세계 인류로 확대하여 해석한 것으로 신약이 이루어지게 된 동기를 밝힌 것인데, 아난존자가 마등가에게 물을 얻어마실 때

"대천이 바다에 들어가면 한 맛이 되듯 4성이 불교를 믿으면 똑같이 불자가 된다."

는 원리를 그대로 적용한 것이다.

티베트의 성자 랑가스테에게 신통력을 배울 때는 만물이 다 원소의 집합체로 구성되었기 때문에 그 분합(分合)의 원리를 이용하여 신통이 나타나고, 얼음과 물은 원래 H_2O에서 생기는 것이므로 온도의 차이 때문에 묽은 것과 굳은 것이 생기게 된다는 원리도 알았다. 허공을 날으는 것이나 땅을 축소시키는 것, 물위를 걷는 것이 신통이 아니고 결국 자연과 인간의 조화에서 나타난 작용임을 알아 실용적으로 썼던 것이다.

사람의 죽음은 기맥(氣脈)이 상통하지 못한데 있고, 자신에 대한 확신이 무너지면서 생기는 것이므로 신과 인간과의 관계에서 뿐 아니라 자연과 인간과의 관계를 원만히 유지할 수 있도록 가르쳤던 것이다.

이집트 성자들에 의해 "그리스도"의 명예를 얻지만 세례요한의 선전을 따라 포교에 나가 바리색 교인들의 시기 질투로 결국 십자가에 몸이 묶이나 누구를 원망하거나 저주하지 않는다.

로마 병정들에 의해서 프랑스로 옮겨져 84세까지 살았다 하나, 그의 종교적인 생명은 3년 동안의 포교전도에 있었으므로 그 나머지 생에 대해 특별히 미련을 갖지 않았다.

단지 그 위대한 인격이 로마 사람들의 조직적 종교속에 삽입되어 세계정복의 토대를 이루나 그의 사랑은 더 이상 보태지는 것도 없고 감해지는 것도 없었다.

오른쪽 뺨을 치면 왼쪽을 내놓고, 속옷을 요구하면 겉옷까지 벗어주는 사랑을 실천하였기 때문이다.

완전 무소유 생활, 거리를 활보하며 중생을 살리는 생활을 45년 동안 집을 떠나 거리에서 살다가 거리에서 떠나가신 부처님과 털끗만큼도 차이가 없었다.

(3) 암베드까르와 올코트·다르마팔라

암베드까르는 간디선생과 같이 인도 독립운동에 앞장섰던 사람이다. 간디선생은 독립 먼저하고 4민 평등을 실천하자 하고, 암베드까르는 헌법 먼저 고쳐 평등사상을 선언한 뒤에 독립하자고 주장하였으나, 간디가 네루와 함께 선독립을 주장했기 때문에 그대로 따라갔다.

그러나 그는 장차 내무부·법무부장관을 거치면서 국회에 나아가 마누법전을 불태우고 새로운 헌법을 만든 인도의 진실한 어른이다.

그의 주장은 부처님 정신에 의한 인류평등의 원칙을 실현하여야 인도가 세계열강의 대열에 올라 아쇼카 시대처럼 진짜로 잘 사는 나라가 될 수 있다 주장하여 스스로 불계(佛戒)를 받고 출가하여 승려로써 임종하였다.

320년 영국의 지배속에 있으면서 정치·경제·교육·문화 전반에 걸친 인도사상이 서구화 되어가고 있을 때 세계심령학회(世界心靈學會) 회장 올코트 대령은 그의 사무총장 다르마팔라를 데리고 세계종교운동에 앞장서 스리랑카와 인도독립에 큰 역할을 하였다.

식민지 교육으로서의 영어가 아니라 민족문화창달을 위한 영어 교육을 실시하고, 자기나라의 언어와 종교를 자기말로 체험할 수 있도록 교육하였다.

다르마팔라는 스리랑카 출신으로 불자라는 이름하나 때문에 교회와 성당으로부터 갖은 불이익을 당하다가 올 코트의 바른정신을 본받아 스리랑카 독립에 앞장서면서도 바라문교인들이 돼지우리간으로 사용하고 있던 베나레스를 되찾아 초전법륜지를 개발하고, 초전법륜사를 세운 뒤 붓다가야 룸비니 등을 찾아 20년이 넘는 재판을 승소로 이끌어 마침내 불교성지를 개척하게 되었다.

굽다왕조시대부터 梵語文學이 발달하면서 오랜 전통을 가진 바라문교가 교리 실천 양방향에서 크게 발전하였으나, 불교는 그에 대한 대비를 철저히 하지 못해 서기 800년경 베단다교의 중흥조사 상갈라가 신구 양바라문교를 통합하여 안팎으로 공격하니 불교는 자연 수세에 몰리게 되었다.

더군다나 몽골의 징기스칸이 거쳐간 뒤 이슬람교가 들어오면서 전인도의 판도는 이슬람과 브라만 양면으로 흘러 불교는 아주 멸망하게 된다. 불교성지는 황무지로 변하고, 불교사원은 힌두교 또는 이슬람교의 신앙처소로 바뀌었다.

이렇게 700년을 내려오다가 암베드까르와 올코트대위 다르마 팔라에 의하여 이만큼이라도 자리잡게 되었으니 세계의 불자들은 더욱 깊은 관심을 가지고 인도 불교부흥에 동참하여야 할 것이다.

(4) 티베트 라마교

티베트 라마교는 티베트뿐 아니라 몽골・만주・서금・부탄・네팔 등 히말라야를 배경한 모든 나라에 널리 퍼져 있다.

북인도의 명승 연화상사가 나란타사에서 밀교를 전공, 요가계의 불교를 배웠다.

747년 티베트 왕의 초청으로 입국하여 티베트 고유한 종교 Bönry를 불교에 흡수하는 방법을 고안하여 그들이 숭배하는 여러 신들을 불보살의 화신으로 보아 교묘하게 신・구교를 교합하였다.

그리고 samaās사를 창건하고 선해대사(善海大師)를 주지로 삼고, 라마교승단을 만들어 범・한 경전을 번역 라마교의 장경을 편성하였다. 100여년 후 랑달마왕(朗達磨王)이 절을 파괴하고 경론을 불살라 한동안 쇠퇴하였으나 몇해를 지나 다시 세력을 회복 1038년 동인도 벵갈주의 명승 아통초가 와서 종문을 새롭게 하고 계율을 부흥, 13세기 후반에 이르러 원나라 세조 홀필렬의 보호를 받아 몽고 대제국의 국교가 되었다.

그 뒤 역대 조정의 외호에 의하여 크게 융성, 정치 종교의 두 가지 권한을 한꺼번에 가지게 되었다가, 15세기 초 종객파는 아통초의 교리를 개척하여 신파를 벌렸다.

이 황파(종래의 종파를 홍파)가 생기면서 도리어 몇 개의 종파가 생겨 황파가 점점 세력을 구축, 티베트・내몽골・외몽골・청해등의 라마교는 대부분 황파가 되었다.

라마란 스승이라는 뜻으로 본래는 다라이라마, 반첸라마에만 쓰던 명칭인데 뒤에 일반 승려에게도 써서 삼보와 함께 존칭되었다.

다라이라마는 실제 라사에 있으면서 바다와 같이 넓고 깊은 뜻을 가진 이를 정치·경제·종교의 모든 권한을 한 손에 쥐고 있었다. 라마가 죽으면 나라안에 사람을 보내어 같은 시기에 태어난 애들을 후계자로 정한다.

1세 다라이는 황의파의 시조로 종객파의 제자이다. 5세 다라이라마는 복장 때에 법왕이라고 칭하고, 포탈라궁을 지어 모셨다. 라마는 항사아 선정에 들어 국가의 안락과 만민의 태평을 빌고, 나라일을 그 대리자인 갈륜복에게 맡겨서 한다. 그러므로 현재의 다라이라마도 티베트의 정신적인 지도자일뿐 실권은 제2자가 쥐고 있는 것이다.

(5) 미라래빠의 10만송

세계에서 가장 시를 많이 지으신 스님은 티베트의 미라래빠다. 서기 1052년 티베트의 깡가짜 마을에서 태어나 원래 이름은 퇴빠까였는데 출가 스님 이름이 미라래빠다.

원래 부유한 집안에 태어나 모든 재산을 삼촌과 당고모에게 빼앗기고 그의 어머니 여동생과 함께 삼촌 집에서 종살이를 하였다.

15세에 어머니께서 잔치를 베풀고 재산을 환수하려 하였으나 도리어 당숙과 당숙모에게 수모를 당하자 무당에게 흑마술을 익혀 그의 고모 35명 한 마을을 완전히 폭풍법으로 죽여 버리고 인도로 떠났다.

나로빠와 마이뜨리빠로부터 6년 8개월 동안 참회, 업장을 소멸하고 고향에 돌아와 어머니의 유골을 찾아 차차탑을 형성한 뒤 12년 동안 쏘니가풀을 먹고 동굴에서만 수행하여 그의 얼굴이 푸르게 되었다. 일을 하다가도 스승이 생각나면 이렇게 노래 부른다.

"아버지 마르빠시여,
흰구름 피어오르는 보석 골짜기에
좌정하고 계신 역경사 마르빠시여,
공경심 부족해도 뵙고 싶습니다.

선심 부족해도 함께 머물고 싶습니다.
여행길 멀어도 뵙고 싶습니다.
가는 길 험해도 곁에 있고 싶습니다.

친어머니보다 고마우신 분
소박한 마음으로 배우고 싶습니다.
미련한 생각에도 외우고 싶습니다.”

그러면 스승 마르빠가 구름속에 나타난다.

“아들아, 왜그리 간절한 마음으로 나를 찾느냐.
인생이 괴로우냐.
신심이 변했느냐.
생각이 어지럽느냐.
팔풍이 다했느냐.

3보에 예배드리며
6도 중생에게 공덕을 베풀라.
진리를 위하여
중생의 행복을 위하여
명상하는 자에겐
언제나 스승이 같이 하느니라.”

나무를 가득해 가지고 집안으로 들어오니 다섯 명의 악마들이 눈을 부라리며 설법하고 청법하며 음식을 만들고 경전 공부를 하고 있었다.

미라래빠는 아무것도 얻어먹지 못한 지방신들이 나타난 모습이라 생각하고 그들에게 노래를 불렀다.

“고독한 은둔처는

모두 부처님들이 거처하는 곳
흰구름 떠다니고
새 짐승 노래하고
장강물 흐르는 곳

꿀벌들 꽃사이에 넘나들듯
꽃향기 휘날리는 곳이지만
나 미라래빠가 명상하는 곳
미라래빠의 친구들이시여,
그대들은 나의 사랑과 자비의 물을 마시고
그들 세계로 돌아가라.”

이렇게 히말라야의 호랑이동굴 안장굴을 다니면서 사냥꾼
·등산객·외국을 침범하는 도적들, 군인들을 만나 포교하며
제자들을 길러 어리석음을 깨우쳤다.

(6) 양개화상의 효심

　동산 양개화상은 無情說法을 듣고 도를 깨친 분이다. 어머니와의 약속을 지키기 위해 멀고먼 구도의 길을 30년 동안 다니다가 마침내 강물에 빠진 어머니를 천도하게 되는데, 그 편지들은 가슴을 조이게 한다.

　"엎드려 듣자오매, 모든 부처님이 세상에 나오실 때는 모두 부모를 의탁해 생을 받았고, 만물이 생길 때에는 모두 천지의 부재(覆載 : 하늘이 만물을 덮어 주고 땅이 만물을 실어 주는 것)를 힘 입었다 합니다. 그러므로 부모가 아니면 태어날 수 없고, 천지가 아니면 자라날 수가 없습니다. 그들은 다 양육의 은혜를 입었고, 그것은 모두 부재의 덕을 받았습니다.

　아아, 그러나 일체 중생으로서 그 형상은 갖가지이나 그들은 모두 무상에 부쳐 생멸을 떠나지 못하는 것입니다. 어릴 때에는 젖을 먹인 정이 중하고 길러 준 은혜가 깊거늘, 혹 재물로 받들어 모실지라도 마침내 그 은혜를 보답하기 어렵고, 혈식(血食 : 生物)으로 모셔 봉양한들 어찌 그것이 오래 가겠습니까. 그러므로 효경에 말하기를 '날마다 3생(牲 : 소·염소·돼지를 잡아 정성껏 만든 음식)으로 봉양해도 오히려 효도를 다하지 못한다'한 것입니다. 그러므로 서로 이끌고 3계에 빠져 영원히 윤회에 흘러가는 것입니다. 그러므로 그 망극한 은혜를 갚으려 해도 그것은 출가한 공덕만 못한 것입니다. 즉 생사 애욕의 강물을 끊고 번뇌의 고통 바다를 뛰어 넘어 천생(千生) 부모와 만겁(萬劫)의 자친에 보답하면 세 세계(三有)의 네 가지 은혜를 갚게 되는 것입니다.

그러므로 이르되, '한 아들이 출가하면 9족이 천상에 난다'
고 한 것입니다. 양개(良介)는 금생의 신명을 버리도록 맹세코
집에 돌아가지 않겠습니다. 그리하여 영겁의 근진(根塵)으로
반야를 완전히 밝히려 합니다. 바라옵건대 부모님은 마음에
들고 기꺼이 저를 버려 애닯아 하지 마시고 정반(부처님의 아
버지)국왕을 배우고 마야(부처님 어머니) 성후를 본받아 뒷날
부처님 회상에서 만나기 기약하고 오늘은 우선 이별하기로
하소서. 이것은 양개가 5역으로 공양하는 것을 어기는 것이
아니옵고 세월이 사람을 기다리지 않기 때문입니다. 그러므로
'이 생에서 이 몸을 구제하지 않으면 다시 어느 생을 기다려
이 몸을 구제하리'라고 한 것입니다. 죄송하오나 너그러운 마
음으로 이 자식을 다시는 생각하지 마소서.
　송하여 가로되,

마음 근본을 깨치지 못한 채 몇 해를 지났던가.
다시 슬퍼하는 것은
뜬 세상에서 부질없이 머뭇거린 것입니다.
이 빈 문(佛敎)안에서 하고 많은 사람들이 도를 얻었는데
나 혼자 나아가지 못하고 세상 티끌 속에 있습니다.

삼가 짧은 글을 갖추어 알뜰한 사랑을 하직하고
큰 법을 밝히어 어버이 은혜를 갚기 원합니다.
눈물 뿌리면서 애끓게 서로 생각할 것 없나니
처음부터 이 몸이 없었다고 생각하소서.

숲 속의 흰구름은 언제나 동무가 될 것이요

눈앞의 푸른 산봉우리는 항상 이웃이 되리니
그로써 세상의 명리를 아주 떠나고
그로써 인간의 사랑을 영원히 이별하려 합니다.

조사의 뜻 바로 가르침을 당장 깨려고
그리하여 온 집안 친척들 만나기 기약할진댄
그윽한 참 이치를 글귀 속에서 사무쳐 알며,
장차 있을 바른 과(果)의 종자를 기다리시옵소서.”

이것이 초서다. 후서는 다음과 같다.

“양개는 부모님의 뜻을 달게 받들지 못하고 집을 떠난 뒤로 지팡이 짚고 남쪽으로 내려와 세월이 벌써 10년이나 바뀌고 갈림길이 어느새 만리나 막혔습니다.

바라옵건대 어머님은 마음을 거두어 도를 생각하고 뜻을 거두어 공(空)으로 돌아가 이별한 정을 생각하지 마시고 문에 기대어 바라보는 일을 행하지 마소서. 집안일은 다만 인연을 따라 갈수록 더욱 많아져 날로 번뇌만 더할 것입니다. 그러나 우리 형은 부지런히 효순을 행하여 반드시 얼음 속에서 고기를 구할 것이요, 우리 아우는 힘을 다해 받들어 섬기며, 또한 서리 속에서 죽순이 나라고 울 것입니다.

대저 사람은 세상에 살면서 몸을 닦고 효도를 행하므로 천심(부모의 마음)을 맞출 것이요, 이 중은 도를 사모하고 어머님의 은덕을 갚을 것입니다. 그러나 지금은 천산만수(千山萬水)가 아득히 두 길을 막았으니 한 장 종이에 여덟 줄 글로 애오라지 조그만 회포를 씁니다.

송하여 가로되,

명리도 구하지 않고 선비되기도 구하지 않고
다만 빈문 불교를 좋아하여 세속 길을 버렸나니
번뇌가 다 할 때면 근심 불이 꺼질 것이고
은정이 끊어진 곳에 애욕의 강물이 마를 것입니다.

6근이 공혜(空慧)의 향기로운 바람을 끌어 오고
한 생각이 생기려 하면 지혜의 힘이 붙들어 주나니
북당의 은혜를 갚기 위해서 이니 슬퍼하지 마시고
죽었다 생각하거나 애초에 없었다고 생각하소서."

다음은 어머니의 회답이다.

"나는 너와 전생의 인연이 있었기에 비로소 모자간의 정을
맺게 된 것이다. 나는 너를 밴 뒤로 아들을 낳게 해 달라고
신과 부처님, 하늘에 빌었다. 임신하고 달이 차서는 내 목숨은
달린 실처럼 위태하였으나 드디어 내 소원은 이루어졌던 것
이다. 그리하여 너를 보배 구슬처럼 아끼어 똥 오줌에 더러운
냄새를 가리지 않았고, 젖 먹일 때의 그 고생에도 게으르지
않았었다. 차츰 성인이 되어 공부하러 보내고는 혹 조금이라
도 돌아올 때가 지나면 문에 기대어 바라보고 있었다. 네 편
지에서 출가의 긴요함을 알았다. 그러나 네 아버지는 돌아가
시고 이 어미는 늙었으며, 네 형도 살림이 어렵고 네 아우도
가난하다.
　그런데 내가 누구를 의지하겠느냐. 아들은 어미를 버릴 뜻

을 가졌지만 어미는 아들을 버릴 뜻이 없다. 그리하여 한 번 네가 타방으로 떠난 뒤에는 밤낮으로 항상 슬픈 눈물만 뿌리게 되었으니 실로 괴롭고 괴로운 일이었다. 그러나 너는 이미 고향으로 돌아오지 않겠다 맹세했으니 어떻게 네 뜻을 따르지 않을 수 있겠느냐.

그러므로 나는 감히 네가 얼음에 눕는 왕상(王祥)이 된다거나 나무를 새기는 정란(丁蘭)이 되기를 바라지 않는다. 다만 네가 목련존자처럼 되어 나를 구제해 고해에서 해탈시켜 불과(佛果)에 오르게 하기를 바랄 뿐이다. 그러나 만일 그렇지 못한다면 깊은 허물이 있을 터이니 간절히 모름지기 몸소 깨달아 알라.”

(7) 일본 사키이(酒井)스님

일본 히에이산 주정스님은 현재 84세로 살아계신다. 군대에 있을 때 사랑하는 여인이 자살했다는 소식을 듣고 휴가를 얻어 나왔다가 탈영병이 되어 술로 이 세상을 하직하고자 3년을 취해 있다가 마지막 절 뒷산에 올라가 나무에 목을 맸는데 밭에서 거름을 주던 노스님이 보고

"이 사람아 죽을 바에는 내일이나 도와주고 가게."

하여 12년 동안 그 일을 도왔다.

"세상은 죽는다고 다 되는게 아니거든. 자네를 사랑하다 죽은 사람이 있다면, 자네가 그 외로운 혼을 달래줄줄도 알아야 하지 않겠나."

"어떻게 하면 그 혼을 달랠 수 있겠습니까?"

"매일 목욕하고 산행을 하는 것이야."

하여 하루에 32km씩 252군데를 들려 기도하는 난행의 코스를 자그만치 100일간씩 열 번을 하였다.

100일이 차면 3일 단식에 장좌 7일하고, 그 김빠진 몸으로 도교까지 100리 이상을 걸어가는 것이다.

이렇게 하는 동안 그의 영혼은 천도 되었고, 히에이산 근처에 유랑하던 뱀 한 마리 새 한 마리까지도 모두 해탈하게 되었다.

지금 그가 살고 있는 방실계곡에는 일본 각회사에서 만들어낸 최고급 자동차들이 즐비하게 놓여져 있으나 한번도 사용하지 않고 그대로 무너져 내려 앉은 것도 있다.

새벽 2시에 냉수에 목욕하고 입정, 4시에 마지 올릴 때까지는 일체 외부 사람을 만나지 않다가 오후가 되면 오후 불식하

면서도 멀리서 온 손님들을 맞아주신다.

그의 천진난만한 모습, 소탈한 행동 속에서 많은 사람들은 깨달음을 얻고 인생이 무엇인가를 새롭게 느끼게 된다.

우리나라 법홍율사와 동배동학이다.

(8) 불사로써 보은한 김대성과 손순

모량리 부운촌에 사는 가난한 여인 경조는 머리가 크고 이마가 넓은 대성이란 아들 하나를 데리고 부잣집에서 품팔이를 하였다.

그때 고승 점개가 육륜회를 흥륜사에서 베풀고자 시주를 오니 복안이 배 50필을 시주하였다. 점개스님이 축원하였다.

"시주가 보시를 좋아하니 천신이 늘 보호할 것이요. 한 가지 물건을 보시하고 만배를 얻게 되니 안락하고 장수하소서."

대성이 듣고 뛰어들어가 어머니에게 말했다.

"제가 그동안 고용살이로 얻은 밭을 보시하여 뒷날의 응보를 도모합시다."

어머니가 좋다고 하여 시주하고 얼마 있다가 대성이가 죽었다. 그런데 그날 밤 국상 김문량이 꿈을 꾸니

"모량리 대성이 죽어 네 집에 태어난다."

하였다. 사람들이 놀라 모량리에 알아보니 과연 김대성이가 죽었다. 그 후 임신하여 아들을 낳으니 왼손을 꼭 쥐고 펴지 않다가 1주일 만에 폈는데 손에 대성이란 글이 새겨져 있었다.

그래 전생의 어머니를 모셔 와서 함께 부양했는데 대성이 어려서부터 사냥을 좋아하였다.

토함산에 올라가서 곰 한 마리를 잡았는데 그날 밤 꿈을 꾸니

"네가 어찌하여 나를 죽였느냐. 나는 귀신이 되어 너를 잡아 먹겠다."

하자 대성이 두려워 용서를 비니

“그렇다면 나를 위해 절을 하나 지어다오.”

하여 곰을 잡은 자리에 장수사를 지었다.

그 다음부터는 다시 사냥을 가지 않고 이승의 양친을 위해 불국사와 석굴암을 세우고, 신림·표훈 두 스님을 모셔 장엄한 불사를 하였다.

석굴암 불상을 조성하고 함개를 올리다가 돌이 떨어져 세 조각이 났는데, 대성이 슬피울다가 쓰러져 자고나니 천신들이 내려와서 모두 올려 놓았다.

불국사의 구름다리와 석탑 또한 세계적인 보물이다.

능천주 향득사지는 흉년에 아버지가 굶어 돌아가시게 되자 허벅지 살을 베어 봉양하였고, 손순은 어머니를 위해 딸아이를 땅속에 묻으려다가 돌종이 나타나 흥덕왕에게 상을 받았다.

(9) 혜충국사와 영재스님

중국의 혜충국사는 당 나라 때 세 임금님의 스승이 되었다. 탁발을 해 가지고 오다가 도둑들을 만났는데 물건은 말할 것도 없지만 입은 옷까지 다 빼앗고 두 손과 발을 산풀로 묶은 뒤 물었다.

"계 받았느냐?"

"받았다."

"일어나면 여덟 놈이 죽을 것이고, 가만히 있으면 한 놈만 죽을 것이다."

도둑들은 모두 다 도망가 버렸다. 때약볕에 누워 가만히 있으니 사냥꾼이 지나가다 보고

"무슨 빨간 짐승이 있는가."

하고 가까이 와서 물었다.

"누구냐?"

"일어나면 여덟 놈이 죽고 가만 있으면 하나만 죽을 것입니다."

하며 이 사실을 알리니 나라에 임금님이 듣고 즉시 가마에 싣고 왕궁에 모시고 와서 국사를 삼았다.

"나는 짐승을 잡아 요깃거리를 구하는데, 이 스님은 내 나라에 있는 풀과 나무까지도 사랑하는 스님이다."

신라 때 영재스님은 천성이 익살맞고 사물에 걸리지 않아 무엇이고 얽매이는 일이 없었다.

하루는 남악에 은거하려 대현령을 걸어가다가 60여 명의 도둑을 만났다.

물건을 빼앗고 죽이려 하니 조금도 두려운 마음이 없이

"자기 마음에 형상을 알지 않으려 하던 날은
멀리 떠나 지나갔고 이제는 숨어서 가고 있노라.
오직 그릇된 파계 중을 두려워 한 모습에.
또 다시 또 돌아가서
이 밤이 다 지나고 나면 죽은 날이 새날이 되니
아아, 오직 요만한 선업은 새 짐 안됩니다.

도적들이 이 노래에 감동하여 비단 두 필을 주니
"재물이 지옥에 가는 근본인줄 알고 깊이 산중으로 피해가
는 길인데 감히 이것을 받아 무엇 하겠습니까."
하고 도로 주자 그 자리에서 칼을 버리고 모두 출가하여
제자가 되었다.

(10) 부설거사 이야기

신라 진덕여왕이 왕위에 오르시던 해 경주 남내 향아(香兒)라는 고을에 진씨(陳氏)의 아들이 있었다. 이름은 광세(光世), 태어나면서부터 영리하고 명석하여 모든 것을 힘들이지 않고서도 잘 알았다. 많은 아이들과 소꿉놀이를 할 적에도 평범한 아이들과는 같지 아니하고 때로는 서쪽 하늘을 바라보면서 해지는 줄을 모르고 때로는 숲 속에 한가히 앉아 선을 하는 흉내를 내기도 하였다. 스님을 만나면 기쁨을 감추지 못하고 살아 있는 동물을 무참히 죽이는 것을 보면 무척이나 슬퍼하였다.

드디어 그는 다섯 살에 불국사 원정선사(圓淨禪師) 밑에 있다가 일곱 살에 도를 깨쳤다. 법명은 부설(浮雪)이고 자는 천상(天祥)이다.

밖으로는 승의(僧衣)을 입고 안으로는 용상(龍象)의 위엄이 서린 학문을 넓혀 가더니 이윽고 박 넝쿨 오이처럼 한 곳에 매여 있는 것을 싫어 사방으로 선지식을 방문하려 하였다. 동지인 영조(靈照), 영희(靈熙)가 함께 와서 길을 떠났다.

계수나무 돛대를 걸고 남해를 건너서 두류산(지리산)에 발자취를 머물면서 4아함(阿含)과 5명(五明 : 聲明 · 工巧明 · 醫方明 · 因明 · 內明)의 강론을 정밀히 하였으며, 송홧가루 연꽃 열매를 먹으며 도를 즐겼다.

문득 3년이 지나서는 천관사(天冠寺)에 건(巾)을 걸고 머물렀으며, 5년 동안 좌선을 마치고 나서는 능가봉(楞伽峰)에 지팡이를 휘날리며 거닐었다.

세 사람이 한 집에서 한 마음으로 도를 닦으며 참선하는

곳에서 입을 굳게 다물고서 말을 하지 않았다. 이렇게 문을
굳게 잠그고서 10년 세월 속에 세속의 인연을 끊고 3생의 환
몽을 없애버렸다. 영조(靈照)가 노래 불렀다.

좋은 곳을 가리어 깊숙이 살던 곳은,
소나무 우거진 산마루의 암자였네.
참선에 들어가니 둘이 아닌 하나임을 깨달았고,
도를 탐구하니 삼승의 구경 경지에 이름이 기쁘구나.
옥은 케어 놓았건만 아는 사람은 그 누구일까.
꽃을 머금은 새만이 스스로 지저귀네.
쓸쓸히 세속의 일이 없으니,
일미의 법문에 참예하였도다.

영희(靈熙)도 따라서 읊었다.

기쁨이 넘치는 잿마루에 구름은 걷히고,
외로운 노송(老松)이 덮인 암자엔 달빛이 찾아드네.
지혜의 번뜩이는 칼날은 천 배 만 배나 빛이 나고,
마음속에 물줄기는 두 번 세 번 솟구치네.
깊숙한 골짜기에 봄은 고요하건마는,
산새는 지저귀며 정답게 말을 하네.
모두 최고 경지에 무생(無生)의 즐거움을 지녔으니,
현관(玄關)에 참예할 것이 없어라.

부설(浮雪)도 기쁜 마음으로 화답하였다.

그대와 적적한 공(空)으로 법을 찾아서,
구름이 머물고 학이 춤추는 작은 암자에서 함께 지냈었지.
이미 둘이 아닌 것이 둘이랄 것조차 없는 줄을 알았으니,
그 누구에게 전삼삼(前三三)과 후삼삼(後三三)을 물을꼬.
뜨락을 한가히 바라보니 꽃은 요염하게 피어있고,
무심히 창가에서 지저귀는 새소리를 듣노라.
곧장 여래(如來)의 경지를 찾아들어 갈지언정,
어찌 구구하게 오랜 세월을 참예하랴.

이에 돌이켜 생각을 하여 보니 오대산은 문수보살의 도량이라. 그곳을 찾아 참배하려고 길을 떠나 북으로 향하여 가다가 두릉(杜陵) 백련지(白蓮池)에 이르러 구무원(仇無冤)씨 집에서 머무르며 잠을 자게 되었다. 그 집안의 노인은 신심이 깊은 거사이므로 본래부터 청허한 도리를 숭상하여 매우 간절하게 도를 구하였다. 일단의 법문을 듣고서 자신도 모르게 혀를 내두르며, 그를 맞이하여 상좌에 모시고 오래 전부터 아는 사람처럼 정성스럽게 대접하여 이부자리와 음식의 맛에 극진한 예를 다하였다.

단란하게 밤이 다하도록 이야기를 하고 다음날도 봄비가 내려 길을 떠날 수 없었다. 하는 수 없이 2,3일을 더 지나게 되었다.

그런데 그 주인집에 딸이 하나 있었으니 이름이 묘화(妙花)였다. 태몽에 연꽃을 보고서 난 아이였다. 얼굴과 재주는 세상에 보기 드물게 뛰어나고 사랑스러우면서도 유순하고 엄하면서도 절개와 지조가 있었다.

이 날 설법하는 소리를 듣고서 가슴이 복받쳐 눈물을 흘리

기도 하였다. 부설의 곁에서 가까이 앉아 자리를 뜨지 않고 있다가 서원하였다.

"나와 영원히 부부가 되면 죽어도 한이 없겠습니다."

옆에 있는 사람들이 모두 놀랐으나 부모께서 딸을 사랑하기 때문에 법사에게 머리를 조아리고 말하였다.

"오직 원컨대 이 딸을 거두어 주소서."

"좋습니다. 부처님께서는 인연없는 중생은 제도하지 못한다 하였는데, 인연있는 중생도 건지지 못한다면 어떻게 하겠습니까."

이에 영희, 영조 두 스님은 놀라 게송을 지었다.

계행이 없는 하나의 지혜로 헛된 견해를 이루었고,
일편 자비로서 애욕의 인연에 걸리었네.
둘이서 가는 길은 언제나 즐거웁고,
하나의 도는 스스로 천연스러웁네.
흘러가는 저 달은 구름 따라 달리고,
나부끼는 바람결에 펄럭이는 깃발을 알겠노라.
명검이 손에 쥐어져 있으니,
어찌 여색에 머물 수가 있으랴.

하자 영희도 시를 읊었다.

한 삼태미로 쌓아올려 높은 대(台)를 이룬 힘이요,
구부에 날개치도록 좋은 불연(佛緣)이다.
수행을 하는 것은 대나무를 쪼개듯이 나아가고,
득도를 하는 것은 달리는 말에 채찍하듯 이뤄지네.

삼생의 누(累)를 벗하지 못하고서,
구씨(仇氏) 집의 인연으로 한 생각이 얽매였네.
언젠가는 엎질러진 물을 다시 담아서,
먼 훗날 서로 만나 발걸음을 같이 하기 바라네.

부설선사가 게송을 지어 답했다.

깨달음은 평등하여 깨닫고 행하는 것이 차별 없고,
깨달음은 인연 없는데서 이루어지지만
제도는 인연 있는데서 이루어지네.
진리에 몸을 맡기고 처세하니 마음이 넓어지고,
집에 머물며 도를 이루니 몸이 반연하는도다.
둥근 구슬 손바닥에 쥐니 붉고 푸른빛을 분별하고
밝은 거울 앞에 대하니
호인(胡)과 한인(漢人)이 뚜렷하도다.
색과 성에 걸릴 것이 없으니,
굳이 깊은 산골에서 오래 앉을 것이 없을래라.

드디어 솔잎으로 다진 한 잔의 차를 가득히 담아 들고서
서로 당부를 하며 이별하였다.
"도라는 것은 승려의 검은 옷과 속인의 흰옷에 있지 아니하
며, 도라는 것은 번화로운 거리와 조용한 초야에 있는 것도
아니다. 모든 부처님의 뜻은 중생을 이롭게 제도하는데에 있
으니 우리 도반은 깊이 참구하여 많이 법을 배우고 와서 늙은
이를 경책하라."
선사의 거룩하신 모습은 비록 몸은 진세에 묻혀 있으나 마

음만은 사물의 밖에 초연하여 3업을 정밀하게 닦고 6도를 널리 행하고 내외의 경전을 두루 통하여 말씀은 언제나 전장(典章)을 벗어나지 아니하였다.

그 고을의 높은 덕망을 둔 이승계(李承桂)와 상사 벼슬을 하고 있는 김국보(金國寶) 등과 방외의 교분을 맺어 서로 한가한 가운데에서 얻는 즐거움으로 나이의 늙고 젊음도 잊어버리고 내외가 하나가 되었다.

날마다 모여 경전의 이치를 강론하고, 바람이 부나 비가 내리나 눈이 오거나 서리가 차거나 소식을 끊이지 않았으니 원공(遠公)이 연꽃에 심취하여 구경하는 것과 한퇴지(韓退之)가 태전선사에게 옷을 남겨 두었던 것과 견주어 비할만 하였다. 이에 번잡한 모든 세상의 일을 쓸어서 두 아이에게 맡겨 두고 따로 하나의 집을 엮고 말했다.

"나의 몸의 귀중한 것을 손상시키는 겁적(劫賊)은 본래 6문으로 말미암은 것입니다. 단견(斷見)과 상견(常見)의 2견을 없애고 자성을 돌이켜 진실여여하게 우뚝 드러나게 함은 방편을 빌릴 것이 없으나 중생을 제도하는데는 그 같은 방편이 필요하니 이해해 주십시오."

하고, 일부로 병든 늙은이라 결심하고 비야존자처럼 침묵으로 소림사의 달마스님처럼 벽을 바라보고 수심(收心)하였다.

이윽고 기약한지 5년이 되던 해에 빛난 별처럼 밝게 통하여 다시 남은 찌꺼기를 깨끗이 하고 거듭 지혜의 봉우리는 높이 솟았다. 이에 화엄의 법계를 횡행하고 원상(圓常)의 묘한 곳에 편안히 앉아서 스스로 자신이 즐길 뿐이며 남에게 말하지는 않았다.

지난날에 옷깃을 함께 하던 영조, 영희의 두 사람이 오랫동안 두루 명산을 참례하고 인연을 따라서 다시 두릉마을에 이르게 되었다. 문득 문밖에서 관 쓰고 비녀 꽂은 단정한 남녀를 만나서 부설거사의 안부를 물어보고 지난날에 같은 벗으로 지냈던 인연을 말하니 남녀가 집에 들어가 말씀을 드리니, 부설거사가 말하였다.

"내 친구가 돌아왔다는 기쁜 소식을 들으니 오랜 병이 갑자기 나아버렸구나. 기분이나 몸이 거뜬하여 편안하니 정당(正堂)에다 자리를 펴서 자리를 편안케 하고 높은 이를 대접할 음식을 장만하라."

두 남매는 아버님의 말씀을 듣고 상인의 법력을 입어서 아버님 병이 나은 것이라 생각하고 온 몸을 땅에 굽혀 하늘에 계신 신보다 더 공경하였다.

부설거사가 말하였다.

'세 병에 물을 담아 오너라. 공부가 얼마나 익었는가를 시험해 보리라.'

들보 위에 병을 달아 놓고 각기 하나의 병을 치니 영희, 영조의 두 사람은 병과 물이 모두 쏟아져 내렸다. 부설거사가 또한 한 병을 치니 병은 깨져 내려오는데도 물은 공중에 매달려 있었다. 이어서 두 사람에게 말하였다.

'신령스러운 빛이 홀로 나타나니 근진(根塵)을 멀리 벗어버리고 몸에 본성의 진상(眞常)이 나타나니 생과 멸에 얽매이지 않는다. 무상한 환신(幻身)이 삶과 죽음을 따라서 옮겨 흐르는 것은 병이 깨어져 부서지는 것과 같고 참된 성품이 본래 신령하여 밝음이 항시 머물러 있는 것은 물이 공중에 달려 있는 것과 같다. 그대들이 두루 높은 지식 있는 이를 찾아보았고 오랫동안 총림에서 세월을 보냈는데 어찌하여 생과 멸을 섭수하여 진상을 삼고 환화를 공으로 하여 법성을 지키지 못하는가. 다가오는 업에 자유가 없음을 증험하고자 할진대 상심(常心)이 평등한가 평등하지 못한가를 알아야 한다. 그런데 오늘 그대들은 그러하지 못하니 지난날의 엎질러진 물을 다시 담자는 경계는 어디로 갔는가.

이어서 게송을 읊었다.

눈으로 보아도 본 바가 없으니 분별이 없고,
귀에 들어도 소리 없으니 시비가 끊어졌도다.
분별과 시비를 모두 놓아 버리면,
단지 마음의 부처를 보고 스스로 귀의하리라.

그 때에 하늘의 상서로운 구름은 가득히 펼쳐지고 신선의 아름다운 음악은 허공에 가득히 메아리쳤다.

(11) 대만의 성운스님과 자재정사

　현재 살아있는 대만불교는 성운스님의 불광사활동과 자재정사의 봉사활동, 그리고 중대선사의 교육을 들 수 있다.

　성운대사(星雲大師)는 1927년 중국 강소성(江蘇省)에서 태어났다. 12세 때 남경에서 지개(志開) 큰스님 문하로 출가하여 임제종(臨濟宗) 48대 제자가 되었으며, 1919년 대만으로 건너가 활발한 홍법활동을 펼쳤다.

　1964년에는 대만 의란(宜蘭) 뇌음사(雷音寺)에 염불회·청년회·어린이 주일학교·홍법단 등을 설립해 홍법 사업의 기초를 마련하였고, 1967년에는 불광산사(佛光山寺)를 창건해 불교 교육·문화·자선·홍법 사업에 주력하였다.

　세계각지에 서래사(西來寺)·남천사(南天寺)·남화사(南華寺) 등 200여개 도량은 물론 미술관·도서관·출판사·서점·병원을 지었으며, 국내외에 강원 16개를 설립해 불교 전문 인재를 양성하고 있다. 사회교육을 위해 중고등학교·서래대·불광대·남화대를 설립하였고, 불광정사·자비기금회 등을 통해 사회복지사업도 활발히 펼치고 있다. 뿐만 아니라 불광대장경과 불광대사전을 편찬, CD판을 발행하기도 하였으며, 불교방송국인 인간위성 TV를 설립하고 일간신문인 인간복보(人間福報)를 발행하기도 하였다.

　1985년 불광산 종장 직에서 물러난 후에는 운수행각을 하며 홍법 활동을 펼쳤고, 국제불광회를 설립했다. 현재 국제불광해 세계총회 회장, 세계불교도우의회 명예회장직을 맡고 있다 하였다.

세계 각지로부터 출가한 제자가 천여 명, 전세계에 분포하고 있는 신도가 백만 명에 달한다 하였다. 대사는 일생을 인간불교(人間佛敎)를 홍양하고 '지구인(地球人)' 사상을 제창하며 '불광은 삼천대천세계를 비추고, 법수는 오대주에 흐른다(佛光普照三千界 法水長流五大洲)는 사상을 실천하고 있었다.

화연의 자재정사는 한 비구니 스님의 원력에 의해 세계적인 복지가 실천되고 있다.

40여년 전
사랑으로 세상을 구한 대쪽같은 인생
40여년 후에는
사랑의 운동을 펼쳐
인간 사랑으로 선행을 실천한 사람들이 띠를 이루어
합심·화기·사랑·협력으로 피를 개발
선업을 모으고 천재(天災)를 줄이고 인화(人禍)를 녹이는
세상을 복되게 하는 길상의 여인이여!

거기에는 찬조자선회·의료공덕회·교육지원회 등 5·6개의 단체가 있어서 매월 100원(한화 1만5천원)부터 천원(한화 15만원)까지 내는 회원이 전 세계적으로 10만 명이 넘어 국제적인 대운동을 펼쳐 나가고 있다.

증엄스님은 1937년 생으로 이름은 혜장(慧璋)이다. 고향은 대만 중대현 청수진이었다. 어려서 부모를 잃고 숙부에게 맡겨져 자랐는데 그 숙부마저 잘못되어 양부모를 정하여 대중

풍원진에서 자라 '희원(戲院)'을 경영하다가 20세 미만부터 부친을 살피는 소녀 가장이 되었다. 천성이 순진하고 효도하고 사랑스럽고 부드러워 15세 때 위에 구멍이 뚫린 어머니를 치료하고 근근득신으로 살아오며 어머니를 위해 기도하였다.

"관세음보살님 어머니를 대신하여 내가 저 병을 앓게 되고 어머니가 속히 쾌차하게 해주십시오."

과연 그 기도가 헛되지 않아 어머니는 살아났으나 아버지께서 1960년 6월 돌연히 병으로 돌아가셨다.

"어디로 가셨을까. 아버지 가신 곳 좀 알려주세요. 우리도 함께 가게요."

그러나 아버지는 일어나지 아니했고 갈 길은 막막 험로였다. 다행히 어떤 남자에게 맡겨져 사회적 일원으로 책임을 지고 살아가게 되었지만… 인간에겐 끝없는 고통이 있다는 것을 느끼고 출가할 뜻을 가지고 대동현 녹야산 왕모묘(王母廟)에 들어가 머리를 기른 채 재가자로써 수행을 시작하였다.

물도 전기도 없는 산위에서 쌀도 기름도 없이 살아가니 부락민들이 불쌍히 여겨 야채와 물을 갔다 주어 맹물에 이것을 삶아 먹으면서 주민들을 위해 기도하였다. 어느 겨울에는 옷이 없어 이 몸이 얼음장같이 차가워지고 어떨 때는 잠이 와서 이마가 돌에 부딪쳐 구멍이 뚫어질 때도 있었지만 즐겨 그 고통을 참고 있다가 25세가 되어서야 비로소 머리를 깎게 되었다.

1963년 2월 대북 임제사 인순(印順)스님을 은사로 정하고 시시각각으로 불교를 위해 헌신하다가 급기야 증엄이란 법명을 얻었다. 32세에 비구니계를 받고 화련에 이르러 가민촌 보명아 뒤 4평정도 되는 나무집을 짓고 법화경을 읽으며 교화를 펴다가 관세음보살이 중생들을 축복하기 위해서 32응신 14무외력을 나타내는 것을 보고 대중들의 공양을 받지 않고 대중들로 하여금 고통을 함께 하면서 매일 꽃과 과일만 올리면서 연비(燃臂)를 하였다.

1963년 10월 화련사 강당에서 지장경을 강의, 8개월 동안 모여온 모든 사람들에게 먼저 살던 보명사에서는 채소를 가꾸고, 자선사에서는 밀촉으로 양초를 만들고, 두부로 음식을 만들고, 또 어린이들 신발을 만들어 판매하므로써 '자재기금회'를 조성하였다.

그리고 1966년 비로소 인순스님을 초청 대북문화대학에서 특별강연을 하는 한편 30여 노인가족을 살피니 이것이 도화선이 되어 세 분의 비구니스님들이 함께 뜻을 같이 하여 종교·인생·교의를 초월한 사랑을 베풀도록 다짐한 것이 500명의 학생과 1천 명의 환자를 보살펴 준 것이 인연이 되어 현재와 같은 엄청난 자재공덕회가 만들어지게 되었다 한다.

사실 이 회는 한 스님, 한 절의 신도회에서 그치는 것이 아니라 "自力更生 不受供養"의 국가적 대중운동으로 번져나갔으며, 전 지구촌의 심령적 구제운동회로 발전하였다. ① 불살생 ② 불투도 ③ 불사음 ④ 불망어 ⑤ 불음주 ⑥ 불연(燈然) 부독(不毒) 빈랑을 씹지 않고 ⑦ 불도박 불투기 ⑧ 효부모 화성색(和聲色) ⑨ 교통법규준수 ⑩ 정치활동과 데모 놀이에 참석치 않기로 한 자재십계(慈濟十戒)를 만들어 이를 실천함으로써 80고령의 노인들을 수십 명 살리고 집 없는 사람들에게 집을 지어주고 배우지 못한 사람들에게 학비를 대어주고, 병든 사람들을 구원, 500개의 손은 1천개의 손으로, 천 명의 장애인들에게 일거리를 만들어 제공함으로써 세상을 구하는 자재정사가 된 것이다.

특히 의료사업에 있어서는 "머리와 눈, 뇌를 다른 사람들에게 보시" 하는 단체를 만들어 골수이식으로 구제불능의 인간들을 구제함으로써 '자재의학원'이 창설되고, 거기서 노인성질환 중풍환자들을 구제함으로써 '옥피자재의원' '관신자재의원' '대부자재의원' '대중자재의원'이 만들어져 마침내 중국 뿐 아니라 세계에서 제일가는 자재의원이 생기게 되었다는 것이다.

현재 전 세계적으로 지부가 결성되어 있는 자재 공덕회는 대만·아주·대양주·구주·미국 각국 지역 70여개의 지회가 형성되어 봉사활동을 펴고 있다.

중대선사는 현대식 불교 요람이다. 유각(惟覺)스님에 의해
호법호교보살행(護法護敎菩薩行)과
자비희사무량심(慈悲喜捨無量心)으로
널리 복과 지혜의 공덕을 모아(廣集福慧眞功德)
보리의 꽃으로서 열매를 맺게 하는(菩提花開果自成)
분증(頒證) 대도량이었다.

윗사람을 공경하고(對上以敬)
아랫사람을 사랑하고(對下以慈)
평화롭게 사람을 대하고(對人以和)
일을 진실되게 하는(對事以眞)

네 가지 교훈을 가지고 사천(四川) 5·12 대지진 때 3억3천만 원이란 거금을 내어 이재민들을 구제하고 부서진 집들을 짓게 하여 대중 민심을 순화시켰으며, 97년도 여름안거 때는

지은보은(知恩報恩)의 약사대법회를 법답게 수행하여 무상공양(無上供養)을 올렸고, 다시 각 지방 지도자들을 모아 정법호지의 원행을 실천하였다고 한다.

그리고 널리 우란분재 때는 전국스님들을 공양하는 대법회를 열어 청정히 계를 지키는 승중들을 존경하고 스님들은 여름 안거를 철저히 하여 중생들의 사표가 되고 있다. 그리고 전국 어린이들을 상대로 희망·도전·진리·봉사·구도로써 나라와 국가 민족을 위해 살 수 있는 길을 가르치고 있다.

중대선사의 조직은 육화의 원칙(身和同住·口和無諍·柔和同悅·戒和同修·見和同解·利和同均)에 의하여 20여 가지로 나누어 분업하고 있었다. 세탁·재봉·청소·분재 등 온갖 것들을 손수 담당하여 자원봉사자 이외의 모든 인력을 따로 쓰지 않는다 하였다.

학교교육도 다원학습·적성개발로 전문교육화 되어 있고, 인재양성을 위한 보편교육을 한 뒤 품격 따라 핵심교육을 통해 가치를 창조하게 한다 하였다.

특색있는 교육은 영어·일어·불어·서반어 등 4개 국어를 가르치고, 국학·선·서법·상식을 가르치되 기숙사 생활로 지혜를 개발하는 것을 원칙으로 한다 하였다.

절 전체는 전혀 고풍(古風)에 관계없이 현대식으로 지었는데 이것은 첫째, 지진을 이겨낼 수 있는 견고한 건물로 편리한 시설을 통해 다양한 용도로 쓸 수 있게 하여 과학화 하였다고 하였다.

(12) 일붕스님과 숭산스님

일붕 큰스님은 83년 전(1914) 제주도에서 태어나 5세에 천자문을 배우고, 16세에 마을 훈장을 지냈다.

19세에 제주도 삼방굴사에서 滿月스님을 은사로 수계 득도하시고, 22세에 전북 위봉사에서 柳春潭 스님에게 一鵬이란 법호를 받았다.

23세에 서울 동대문 개운사 대원암에서 박한영 대강백으로부터 전강을 받아 백파 강맥을 전수받았다.

27세에 전북 김제 금산사 포광 김영수 스님에게 나아가 수학하다가, 강원도 오대산 상원사 방한암 선사 문하에 안거, 월정사 강원에 강사가 되고, 31세에 월정사 이종욱 주지스님의 도움으로 일본 임제종 묘심사 임제전문대학 전문부에 들어가 졸업하였다.

37세에 귀국하여 다시 동국대 불교학과를 졸업하고, 43세 때에 교화 중생을 위한 불법홍포에 원력을 세우고 진주 해인대학교 · 부산 동아대학교 교수로 있다가 태국 방콕대학 교환교수로 갔다.

49세 때에 불국사 주지와 동국대학 불교대 교수를 역임하였다.

56세에 미국 탬플대학에서 철학박사 학위를 취득하고 모교인 동국대학으로 돌아와 불교대학 학장을 3번 연임하고 정년퇴임하신 뒤 세계 각국 포교에 나서 명예박사 학위만도 126개나 받았다.

스님은 현대불교 생활불교를 주창하시고, 불교예술을 통한 선필문화를 세계 각국에 보급하기 위하여 국제적으로 교류하시고 선필을 매일 50장 내지 100장을 무려 40년간 쓰시니, 스님의 필적은 신필에 가까웁게 되어 스님께서 입적하시는 그 날까지 약 백만장을 써서 세계인에게 보급하였다.

그리고 통일기원 시비 757개, 일붕 동상 95개를 국토 전반 길지와 세계각국에 세우시고, 157개국 5100개 단체에서 세계법왕으로 추대되고, 112개국 1044개 단체에서 尊者칭호를 봉대받았다.

인류평화 구현을 위하여 유엔전권대사로 활약, 열반 1개월 전까지 102개국 유엔 산하 세계평화교육자협회를 미국 뉴욕에서 주제 활동하시고, 1995~1996년 연속 2회 노벨평화상 후보로 등록을 하였으나 끝내 얻지 못하고 열반을 맞게 되었다.

스님은 1996년 6월26일까지 스님께서 출판한 철학 교양 시집 연구서 등 1042권을 출간하시고 세계적 불교홍포를 위하여 일붕문도 국내외 6832명을 수계법사로 만들었다.

스님은 1988년 75세 대한불교 일붕 선교종을 창종, 종정으로 취임하시고, 79세 세계불교 법왕청의 초대법왕으로 활동하시니 세계 최다 박사학위와 세계 최다저서와 최다통일기원비 건립과 세계최다 선필휘호와 의령 일붕사 석굴법당 건립으로 기네스북에 5관왕의 기록을 세웠다.

스님은 1996년 6월가지 신명을 돌아보지 아니하고 세계각국을 다니면서 활동하시다가 노령으로 1996년 6월25일 오전 11시40분에 입적하시니 세수는 83세요 법랍은 64세이시다.

숭산스님은 절세에 희귀한 대선지식이다. 1927년 평양에서 태어나 평안공업학교를 졸업하고, 단신 월남하여 동국대학교에 다니다가 좌우익 학생들이 사상 때문에 유혈투쟁으로 살상을 거듭하는 것을 보고 인생무상을 느낀 뒤 마곡사에 들어가 발심 출가하였다.

풍만한 상호에 덕스러운 모습을 갖추고 수도일념으로 조사의 公案을 뚫고 고봉스님에게 법을 받은 다음에는 군문에 들어가 명실공이 일선국군으로 국토방위에 열심하고, 그 군대생활 중에서도 장성들을 교화하여 불교장교회를 만드는가 하면, 60년대에는 승군(僧軍)문제를 거종단 차원에서 추진하여 군불자 양성에 공헌하였다.

제대 후에는 불교정화운동에 앞장서고, 동대이사에 취임하여 후배양성에 앞장섰으며, 종단행정에도 일익을 담당하여 역경불사 포교사업에 전력하였다.

그러던 중 일본과 국교가 정상화되므로서 재일홍법원(在日弘法院)을 개설하여 해외 포교에 앞장섰으며, 재일홍법원의 경험을 살려 재향(在香)·재미(在美)·재유럽 홍법원 등을 차례로 만들어 한국불교의 세계포교에 몸과 마음을 다 바쳤다. 3천 제자와 5백 사찰은 스님의 역량을 그대로 표현한 것이며, 이를 계기로 한국불교의 세계진출이 자유스럽게 이루어지게 되었으니, 한국불교의 해외포교를 위한 밑거름이 되었다 할 수 있다.

특히 영어·일어·스페인어·중국어에 능통하여 미국외 30여개국에 선원을 개설하고, 폴란드 8개, 영국·서독·불란서·브라질·스페인 등에 각 1개의 선방을 만들어 5천여 명의 제자들이 일선포교에 앞장서고 있다.

（13）역행보살들

불교를 하면서도 이상한 불교를 하여 정법에는 역행하는 것 같은 인상을 주면 이를 역행보살이라 한다.

부처님 당시로 보면 데바닷다가 새로운 교단을 만들어 부처님을 괴롭게 하였지만, 부처님은

“장차 그는 천왕여래가 될 것이다.”

예언하였고, 중국에서도 지공(誌公)스님·부대사(傅大士) 같은 이는 머리를 깎지 않고 호미자루를 들고 포교하고, 또 노방거사 같은 이는 가족불교에 충실하면서도 출가한 도인들보다도 훌륭한 깨달음을 얻었다. 특히 한산 습득은 경세적 기인으로 활동했으며 시와 문장으로 당송 8가의 칭호를 받던 소동파와 백락천은 관리의 생활속에서도 충실한 불도를 닦았고, 우리나라의 중광스님 또한 거지·미치광이 말을 들으면서도 세계의 문인들과 예술인들을 감동시켜 묘한 이미지로 불법을 널리 폈다.

최근 들어 한국의 대선지식으로 알려진 청담·성철스님, 경봉·탄허스님, 한암·용운·용성스님, 경허·만공 스님 또한 평상시 보통사람들과는 달리 이상한 행과 말을 통해 사람들의 마음을 깨닫게 하였다.

일등포교사 이등포교사

· 인 쇄 일 : 2011년 2월 24일
· 발 행 일 : 2011년 2월 28일

· 발 행 인 한 동 국
· 발 행 처 불교정신문화원
　　　　　경기도 가평군 외서면 대성리 산 185번지
　　　　　전화 : 031-584-0657, 4170

　　　　　등록번호. 1976. 10. 20. 경기 제6호
· 편　　저 활안 한정섭
· 인　　쇄 이화문화사
　　　　　(02-732-7096~7)

가격 6,000원